LA MÉTALLURGIE

A L'EXPOSITION UNIVERSELLE DE 1867
A PARIS

LE CUIVRE

SON HISTOIRE, SES USAGES.

ÉTAT PRÉSENT,

MÉTHODES ET PROCÉDÉS DE TRAITEMENT, ETC.

PAR

E. PETITGAND

INGÉNIEUR DES MINES
MEMBRE DES JURYS DE 1862 ET 1867

EXTRAIT DE LA REVUE DE L'EXPOSITION DE 1867

Publiée par la Revue universelle des Mines, de la Métallurgie, des Travaux publics,
des Sciences et des Arts.
Tomes XIII et XXIV bis, 3e et 4e Livraisons.

PARIS

E. NOBLET, DIRECTEUR-PROPRIÉTAIRE
RUE SAINT-DOMINIQUE-SAINT-GERMAIN, 11

1868

LE CUIVRE

§ Iᵉʳ.

INFLUENCE ET PROGRÈS DE LA MÉTALLURGIE.

Les expositions resteront l'expression la plus vraie de l'admirable activité de notre époque, excitée et favorisée par les inventions, les découvertes qui se succèdent de toutes parts et dans toutes les directions. Elles traduisent fidèlement le mouvement irrésistible qui entraîne les nations policées dans la voie industrielle. Ce mouvement est surtout caractérisé par les progrès réalisés depuis vingt ans dans l'exploitation des mines et par l'extension prodigieuse de la fabrication du fer et des métaux.

Source et origine de toutes les conquêtes de l'homme sur la nature, les mines et la métallurgie occupent de droit le premier rang dans ces grandes manifestations du travail humain. Elles y retracent l'histoire des peuples et les mobiles de leur existence; pendant qu'elles nous initient à leurs origines, elles nous aident à suivre les diverses phases de leurs transformations et nous éclairent sur les causes de leur supériorité, de l'étendue de leur commerce et de leur opulence. Parmi les industries primordiales, il en est peu qui figurent au Champ de Mars aussi largement que la métallurgie, et qui représentent avec plus d'éclat les progrès de l'humanité. Aucune, en effet, ne témoigne plus victorieusement, dans ses évolutions successives, des luttes de l'homme, de ses efforts, de son intelligence et de son énergie. C'est elle qui permet, avec les mines, cette accumulation de richesses, cette variété de produits qui attestent les ressources infinies et l'inépuisable fécondité de moyens des diverses nations chez lesquelles on les voit étalés.

Depuis l'Exposition universelle de 1862, l'industrie métallurgique n'a pas cessé de grandir; elle a marché à pas de géant. Rien ne l'arrête plus, le succès de ses tentatives a donné raison à toutes ses hardiesses. Sa puissance productive s'est accrue, ses méthodes et ses procédés se sont améliorés et simplifiés en se perfectionnant. Son outillage et son matériel agrandis d'une façon inusitée ont décuplé ses forces; de sorte qu'en dehors du choix des matières plus riches et plus pures, dont les propriétés ont été mieux étudiées, ses futurs développements ne paraissent plus dépendre aujourd'hui que d'une question de machines. C'est que jamais l'emploi des métaux ne s'est autant accusé et n'a créé des applications plus inattendues. Les métaux satisfont à toutes les conditions de durée et de résistance; ils se prêtent admirablement à tous les besoins, à toutes les formes que l'homme veut leur imposer pour satisfaire, soit aux exigences de la construction et de la mécanique, soit aux fantaisies de l'ornementation. Soumis aux règles de l'expérience pratique, ils se substituent tous les jours davantage aux autres matériaux et se propagent au delà de toutes les prévisions.

Liée désormais à tous les problèmes industriels, la fabrication des métaux exerce inévitablement son influence sur toutes les branches de travail qui vivent par elle, et qui, en retour de l'activité qu'elles lui impriment, concourent à son accroissement, au profit de leurs avantages communs. C'est dans les perfectionnements de la métallurgie que le génie civil, les sciences d'application, l'art militaire, l'art naval, les travaux publics cherchent et trouvent la solution de leurs conceptions et leurs éléments de force. En un mot, c'est dans l'emploi des métaux, dans leurs combinaisons multiples que les grandes industries découvrent le principe de leur action et le secret de leur grandeur. Si bien que la fabrication des métaux est, en réalité, chez toutes les sociétés modernes, l'affirmation la plus évidente de leur supériorité industrielle et le gage assuré de leur puissance politique et commerciale. Jamais elle ne s'était présentée avec un pareil relief; jamais ses développements n'ont été plus saisissants; partout ils répondent à la magnifique ampleur du concours auquel nous venons d'assister.

Peut-être aurait-on désiré, en parcourant cet immense déploiement de matières et de produits, voir les arts métallurgiques moins éparpillés, classés avec plus d'ordre naturel et moins de méthode prétendûment philosophique. Pour mieux apprécier leur rôle dans l'économie sociale, on les aurait voulus rangés suivant leur importance, leur constitution, leurs applications relatives et leurs rapports entre eux, en remontant de la cause à l'effet, depuis leurs diverses transformations jusqu'à leur forme définitive. On voudrait voir le minèrai, au sortir de la mine, enrichi par un travail préparatoire, passant successivement des mains du fondeur à celles du forgeron, jusqu'à ce qu'il sorte de l'atelier converti en machines ou instruments, trouvant dans le métal les éléments et les organes qui les animent ou le rendent propre à ces diverses fonctions. L'esprit qui s'égare au milieu de ces assortiments disparates, de toutes ces superfluités brillantes qui semblent s'exclure, aurait été ramené à son but : il eût saisi d'un coup d'œil, sans fatigue, leurs relations, les liens qui les rattachent et, par conséquent, mieux embrassé la portée d'un tel concours. Malgré ces imperfections, ce grand concours de tous les peuples constitue l'un des plus vastes champs d'études offerts à la curiosité des visiteurs et aux méditations des industriels.

Pendant que le souvenir en est encore vivant, arrêtonsnous sur un côté de ce magnifique ensemble : la *métallurgie du cuivre*. Sans prétendre refaire l'histoire du cuivre, j'en rappellerai les traits essentiels ; j'exposerai ses caractères et ses emplois dans les arts et l'industrie. Je résumerai brièvement les méthodes de traitement là où il est exploité, en indiquant son importance dans l'échelle de la production des divers pays. Je terminerai par quelques observations sur les améliorations apportées dans les procédés d'élaboration les plus usités, afin d'en faire ressortir les avantages ou les inconvénients.

§ 2.

LE CUIVRE. — SON HISTOIRE ET SES USAGES.

Après le fer et ses dérivés, la fonte et l'acier, le cuivre est, sans contredit, le métal le plus répandu; il se prête aux plus heureux emplois, on le rencontre dans tous les usages de la vie. Sa belle couleur, sa malléabilité, sa ténacité, sa ductilité, son rôle prépondérant dans les alliages et la facilité avec laquelle il accepte toutes les formes et reçoit toutes les empreintes, en ont fait le véritable Protée de l'industrie moderne. Ainsi nous le font apparaître ces produits si variés et si différents, sévères ou charmants, massifs ou délicats, exposés, de ci de là, dans les galeries des arts mécaniques, ou dans celles des arts décoratifs, du mobilier et de l'ameublement, où la fabrication parisienne étalait naguère ses trésors et sa supériorité. Car si la France ne produit que peu ou point de cuivre, et ne sait pas utiliser les richesses métalliques de son sol, c'est peut-être le pays où il est le plus travaillé, en quantité plus considérable et avec le plus d'habileté. Ce n'est pas que le traitement des minerais y soit ignoré, tant s'en faut ; car on verra plus tard que la fonte des matières riches et pures du Chili et du Pérou, pratiquée d'ailleurs avec une rare entente, n'est guère que l'accessoire ou plutôt un des moyens d'affiner les cuivres bruts, que nos fabricants tirent de l'étranger, pour les approprier à leurs besoins : ces matières ne sont que le véhicule des nombreuses élaborations où ils excellent. Toujours est-il qu'on peut dire, en examinant les mille applications de ce métal, ses métamorphoses sans fin, que si tout cela n'est pas or, il le devient entre les mains de l'ouvrier français par la perfection du travail et le fini de l'exécution. Pénétrez avec celui-ci dans l'atelier, regardez-le travailler la matière, la pétrir, soit pour animer les créations d'un ar-

tiste, soit pour satisfaire aux exigences du consommateur,
ou pour l'assujettir aux nouveautés de la décoration, à toutes
les fantaisies du jour, à l'état de jouets, d'ornements, de pa-
rures et de toutes ces futilités enfantées par les caprices de
la mode, qui encombrent les plus modestes boutiques, ou
qui brillent dans les magasins les plus luxueux ; vous le
verrez à chaque instant, artiste lui-même, assouplir ce précieux métal, le façonner de toutes les manières et lui im-
primer toutes les formes utiles ou élégantes que peut rêver
l'imagination, sans jamais épuiser ses combinaisons.

Ce n'est pas d'aujourd'hui que le cuivre a conquis ces
faveurs ; il a joui de la même vogue dans l'antiquité, il
y a régné sans partage ; c'était le métal préféré. A en
juger par ces spécimens de l'industrie des premiers âges,
réunis, avec un heureux à-propos, dans la galerie du travail,
le cuivre semble avoir été connu et utilisé avant les autres
métaux. On le retrouve partout où l'homme a laissé les
traces de son passage, dans les sociétés primitives aussi bien
que chez les peuplades sauvages modernes, comme la dé-
couverte de l'Amérique l'avait déjà appris aux premiers con-
quérants du Pérou et du Mexique où pourtant le fer abonde.
C'est que, dans l'enfance des peuples, les besoins se traduisent
partout les mêmes ; en recourant aux mêmes moyens pour
les satisfaire, ceux-ci nous révèlent leur vie, leurs mœurs,
leurs habitudes, et nous renseignent sur la portée de leur
industrie. Les armes, les ustensiles domestiques, les instruments aratoires et les outils employés dans les arts, qu'on
trouve rassemblés dans les musées ou les arsenaux, indi-
queraient seuls, à défaut des témoignages des écrivains de
l'antiquité, la multiplicité des emplois du cuivre et l'ardeur
avec laquelle il a été travaillé. Tous ces vestiges du passé, à
quelque date qu'ils appartiennent, expriment pour ainsi dire
les divers degrés de civilisation des anciennes sociétés ; ils
nous font suivre pas à pas leur avancement dans les arts
métallurgiques, s'améliorant et se perfectionnant à mesure
que l'aisance et les raffinements de la vie prenaient chez
elles plus de développements. L'artiste, devenu plus exigeant

à mesure que le goût du consommateur s'épure et devient plus difficile, veut à son tour un métal plus docile, et son habileté à le façonner s'accroît dès que celui-ci sort plus souple des mains du fondeur. La beauté du travail se traduit bientôt par la pureté de la matière qu'il met en œuvre, et avec elle les progrès qui se réalisaient sous cette impulsion dans les procédés de fusion.

Lorsqu'on réfléchit aux difficultés que nous éprouvons encore pour amener les métaux à l'état de pureté parfaite, il est à présumer que les fondeurs des côtes d'Asie, de l'Étrurie, etc., avaient acquis, sinon des connaissances très-étendues des réactions chimiques qui se passaient dans leurs foyers, du moins une pratique très-délicate des méthodes que le développement graduel des arts et de l'industrie pouvait seul leur permettre d'atteindre. A défaut de la science qui nous a rendu les phénomènes de la fusion plus familiers et nous évite tant de tâtonnements stériles, ils avaient l'observation pour les instruire et les routines du métier pour les diriger. Mais comme les minerais de cuivre ne renferment presque jamais un seul et même métal, il est à croire qu'à l'origine et pendant longtemps, le cuivre n'a pu s'obtenir qu'à l'état d'alliage, ici sous le nom d'*œs*, là sous celui de χαλκός que lui donnaient les Grecs et les Romains. Au reste, qu'elle qu'ait été sa nature, seul ou mélangé d'étain, de zinc, etc., le cuivre servait aux usages divers auxquels nous l'avons appliqué à notre tour. Il n'a rien perdu de ses mérites et de sa valeur ; il n'a même pas abdiqué son droit d'aînesse dans l'art de s'entretuer que nous ont transmis les héros d'Homère, art que nous avons si merveilleusement perfectionné en lui substituant le fer, l'acier, le plomb, avec une foule d'engins qui remplissent le même but avec tant de bonheur; cet art va tous les jours progressant. On se tue maintenant avec bien autrement de science et de précision; surtout plus vite, ce qui est un moyen, dit-on, d'abréger les guerres et de ralentir cette frénésie meurtrière qui grandit avec les peuples. C'est, en vérité, un fort heureux dédommagement, mais que n'apprécient pas toujours bien les élus que le sort soumet à ces douloureuses expérimentations.

On dirait qu'il est dans les destinées humaines que le levier le plus puissant du progrès soit presque toujours le génie du mal, comme si les conquêtes de l'homme ne pouvaient s'acheter qu'au prix des ruines et de la destruction, et comme si l'industrie ne trouvait son principe et ne pouvait féconder ses germes que par les épreuves les plus contraires à son épanouissement. Étranges contradictions qui feraient douter des vertus de la civilisation, si, par une réversion de l'esprit humain, ces inventions de la guerre ne se retournaient contre elles et ne donnaient à la science et à l'industrie les moyens de la combattre avec ses propres armes et de la rendre de moins en moins terrible et aventureuse. Sans insister davantage sur ces considérations, n'est-ce pas aux progrès de l'art militaire, aux recherches de la balistique pendant ces dernières années, que la sidérurgie est redevable des améliorations considérables qu'on remarque et dans la qualité de ses produits, et dans la puissance de son outillage et de son matériel, pour arriver à ces formidables engins de guerre, à ces énormes blindages opposant à chaque nouvel effort du choc une force de résistance plus énergique, finissant par se neutraliser, ou les obligeant à de nouvelles combinaisons de matières et de résistances pour se dominer ? Mais, plus avide des perfectionnements qui aident à son essor et à sa prospérité, l'industrie, s'inspirant bientôt des découvertes qu'elle avait provoquées, s'est emparée de ces conquêtes de la force brutale pour les appliquer à ses besoins et les faire servir à la puissance du génie civil. C'est là sa gloire et ce qui rachète le concours qu'elle prête aux mauvaises passions de l'homme et à ses aberrations. Ainsi tout s'enchaîne fatalement dans la vie humaine, ce qui semble au début la ramener à la barbarie devient l'instrument de sa délivrance et de victoires plus durables.

§ III.

LES MINERAIS DE CUIVRE. — PROCÉDÉS DE TRAITEMENT.

La progression qui se manifeste de toutes parts dans l'industrie sidérurgique, s'accuse également dans la fabrication du cuivre ; elle a suivi l'impulsion des autres branches de la métallurgie. La production, qui était à peine de 50,000 tonnes en 1846, dépasse aujourd'hui 95,000 tonnes et paraît devoir s'élever encore.

La fabrication des métaux usuels peut être envisagée à deux points de vue : sous le rapport du travail de la matière première et sous celui beaucoup plus compliqué et plus étendu de l'ouvraison du métal, quittant la fonderie ou le laminoir pour devenir ailleurs l'agent ou le point de départ d'une nouvelle fabrication plus délicate ou plus variée, soit que de nouveaux besoins le réunissent à d'autres éléments, soit qu'il ait simplement à subir, à la suite d'un premier travail, les transformations dont l'exécution dépend de ces arts élémentaires. Nous n'avons à le considérer ici que sous le premier aspect, c'est-à-dire la fonte des minerais, et accessoirement les élaborations premières qui en résultent.

Les collections minéralogiques envoyées par les diverses puissances ont été appréciées ailleurs ; elles donnent la plupart une idée satisfaisante de leurs richesses minérales ; mais elles n'expriment, à vrai dire, qu'un des côtés de la question, les ressources du sol et, jusqu'à un certain point, les progrès de leur exploitation. Le côté de beaucoup le plus intéressant, l'élaboration de la matière brute, disparaît sous la masse d'échantillons choisis, disposés pour en faire ressortir les formes curieuses et leurs reflets brillants ; l'ensemble des manipulations auxquelles le traitement métallurgique est appliqué dans les fonderies, est tenu dans l'ombre ; il est à peine soupçonné. Et cependant ce n'est qu'en suivant la marche de ces opérations, en en comparant les produits qui se succèdent, qu'il est possible d'en saisir les résultats et d'apprécier sainement les améliorations provoquées par l'emploi de tel ou tel procédé, par ses modifications ou par l'introduction de méthodes plus perfectionnées. A cet égard, l'Exposition laisse à désirer et il est nécessaire de suppléer à l'absence presque complète de ces détails.

Sans entrer dans toutes les particularités du traitement des minerais, il convient d'en signaler les caractères fondamentaux et de préciser sur quelles bases et sur quels principes repose la fabrication du cuivre.

Le cuivre existe dans une foule de combinaisons, mais on ne l'extrait que de celles où il se trouve à l'état d'oxyde, soit pur, soit combiné ou mêlé avec diverses substances dont il faut le séparer pour utiliser ses produits.

Les minerais traités dans les usines correspondent à la classification suivante :

1° Le CUIVRE NATIF ;

2° Les MINERAIS OXYDÉS, tels que l'*oxydule*, l'*oxyde noir*, les *silicates* et les *carbonates ;*

3° Les MINERAIS SULFURÉS, de tous les plus abondants, comprennent le *sulfure*, le *cuivre pyriteux* et le *cuivre panaché*, les *cuivres gris*, contenant les uns ou les autres, en proportions plus ou moins considérables, de l'arsenic, de l'antimoine, du phosphore, etc., et qui constituent autant d'espèces minéralogiques différentes, dont le traitement ne diffère des premiers que par la multiplicité des opérations nécessaires à l'expulsion des métaux étrangers. Enfin, les eaux chargées artificiellement de *sulfate de cuivre*, ou provenant d'anciennes mines exploitées, qui font partie de cette classe. Elles ont suggéré l'idée du traitement par *voie humide*, de certains minerais très-pauvres et de divers résidus cuivreux des usines, toutes matières qu'on ne parviendrait pas à utiliser autrement.

Les minerais sulfurés, les sulfures de cuivre et le cuivre pyriteux forment la base de la fabrication.

Le *cuivre natif* existe en masses puissantes sur le lac Supérieur, dans l'Oural, accidentellement en Hongrie et dans le Cornwall. Le *cuivre oxydulé* est généralement associé à des carbonates et à des sulfures ; c'est le minerai prédominant du Chili et du Pérou. Le *cuivre sulfuré*, qui se rencontre en Saxe, en Suède, aux mines de Monte-Cattini, en Toscane, en Algérie, et surtout en Australie, est un des minerais de cuivre les plus riches. Le *carbonate hydraté de cuivre* ou *malachite* abonde en Sibérie et de même en Australie. Le *cuivre pyriteux* est le plus commun de tous les minerais. Le *cuivre gris* ou *falherz*, ou sulfure double de cuivre et d'antimoine mélangé à plus ou moins d'argent, n'est pas rare ; il se trouve en France dans les Cabrières et dans les Vosges, en Hongrie, etc., ainsi que dans la plupart des mines du Chili et du Mexique.

Les méthodes et les procédés d'extraction du cuivre sont fondés sur l'emploi du four à réverbère ou bien du four à tuyère, dit four à manche ou demi-haut-fourneau. Ces méthodes, qui ont leur mérite propre, tendent à s'associer dans dans une certaine mesure. Il en sera parlé en temps utile.

En réfléchissant à l'ancienneté du cuivre, à ses emplois si divers chez tous les peuples, attestés par les débris d'ustensiles et d'armures qu'on retrouve journellement en fouillant dans les ruines des plus vieux monuments et des cités disparues, il est permis de croire, eu égard à la pureté du métal de toutes les époques, que nous avons fort peu ajouté aux procédés d'extraction et peut-être bien aux appareils de nos devanciers. C'est tout au plus si nous les avons perfectionnés. Aussi, sauf l'augmentation dans les dimensions des premiers, on ne voit pas que le principe des réactions chimiques ait subi les changements qu'on pouvait attendre des découvertes de la science.

Quoi qu'il en soit, le traitement des minerais de cuivre peut se résumer en deux termes distincts : les réduire, après une ou deux opérations préliminaires, en *cuivre noir* et soumettre celui-ci à l'affinage pour le convertir en *cuivre rouge*, ou cuivre relativement pur. Mais cette formule se complique, en dehors des circonstances locales, de la composition particulière des minerais qui exigent des grillages et des fontes réitérées, pour transformer les corps plus oxydables que le cuivre en oxydes et en silicates qui sont expulsés par la volatilisation, sous l'influence de fontes réductives à haute température.

La fonte de tous les minerais de cuivre, à l'exception du cuivre natif, qui n'exige en réalité qu'une refonte, comprend donc une série de manipulations variant avec la nature et la qualité des matières premières, précédées et alternant avec des grillages pour obtenir le cuivre noir. Ce n'est pas le lieu de décrire cette opération, ni d'en exposer la marche détaillée. Tout ce qu'on peut en dire, c'est que tous les procédés de fusion reposent sur l'emploi des *fours à manche* et des *fours à réverbère* de grandeur et de capacité très-variables, qui caractérisent ceux-ci la *méthode allemande* et ceux-là, expression de la méthode anglaise, la *méthode galloise*, dont le mode d'action et les caractères diffèrent entre eux et déterminent des réactions chimiques également différentes.

Dans la première, les matières minérales et métalliques successivement obtenues sont placées au contact immédiat du charbon dans l'appareil même, activé par un courant d'air énergique; il en résulte un produit plus riche en cuivre, qui passe à l'état métallique, principalement à la fin de l'opération. Le four à manche exerce une action réductive très-prononcée. C'est la méthode ancienne plus ou moins améliorée, se modifiant suivant les lieux et la nature des minerais, mais toujours identique dans son principe. Elle a le grand mérite, par la simplicité de ses moyens, l'économie de son matériel, de se prêter à toutes les exigences et de s'adapter, en se localisant, à toute espèce de minerai, riche ou pauvre, que chaque exploitation isolée oblige, plus ou moins, à traiter sur place. Nous entrerons plus tard, à ce sujet, dans des détails plus étendus, en parlant du traitement des usines d'Atvidaberg (Suède) et de la Briglia (Toscane).

Dans la seconde, les produits métalliques sont constamment séparés du combustible. Elle est basée sur une série d'opérations, en fin de compte très-compliquées, sinon très-délicates, ayant pour but d'obtenir des matières de plus en

plus riches en cuivre, puis de réduire ces produits à l'état métallique, à l'aide d'une double décomposition des combinaisons oxygénées et sulfureuses, résultant de mélanges appropriés et de la fixité de leurs proportions. Considérée dans son
ensemble, la méthode galloise n'est qu'une exception dont le
succès est subordonné à ces exigences non moins qu'à l'extrême habileté des ouvriers façonnés à ces manipulations
complexes. Elle n'est susceptible d'être appliquée avantageusement que là où elle serait placée dans des circonstances
analogues ou pareilles à celles de l'Angleterre, circonstances
qu'il est à peu près impossible de réunir ailleurs. Pour tout
dire, dans la plupart des fonderies du pays de Galles, le travail du cuivre n'est qu'un travail empirique, essentiellement
routinier, basé presque entièrement sur des pratiques con-
fuses dictées par l'habitude. C'est une sorte d'opérations tra-
ditionnelles, moins le raisonnement scientifique qui préside
toujours dans les manipulations du continent. Les modifications que l'on peut observer d'une usine à l'autre s'écar-
tent peu de l'idée première et n'altèrent jamais son principe
fondamental ; elles sont d'ailleurs influencées par les exigences commerciales qui les régissent et qui ne laissent que
peu ou point de marge aux innovations qu'on serait tenté
d'introduire dans cette méthode pour en corriger les imperfections. Beaucoup plus compliquée que la méthode allemande, plus dispendieuse par rapport à la construction des
fours, à la consommation du charbon et à la difficulté de son
application, la méthode galloise ne s'est développée qu'à la
faveur des conditions spéciales et toutes locales qui l'ont, à
vrai dire, imposée. Jusqu'à présent et en raison même de ces
conditions, c'est celle qui parait le mieux s'adapter aux minerais impurs et complexes qui constituent l'approvisionnement des usines anglaises. Ce n'est pourtant pas à dire qu'on
les associant ailleurs, ainsi que dans le travail du pays de
Galles, à des minerais riches et purs, on ne parvienne avec
la méthode allemande à des résultats aussi certains, plus
sûrs et certainement plus économiques.

Pour bien saisir les distinctions que nous venons d'établir

et les faire pénétrer dans l'esprit du visiteur, il eût été convenable qu'à l'exemple du Creusot, par exemple, des aperçus synoptiques accompagnés des produits correspondant aux diverses périodes du travail, fussent placés sous ses yeux pour l'éclairer sur les phénomènes des réactions chimiques et les transformations que subissent les matières, afin d'arriver à l'état de pureté relative qui en permet l'emploi ; on aurait pu juger par là des progrès que ces méthodes avaient réalisés. Nous n'avons rien trouvé, du reste, de nature à faire croire à des perfectionnements sensibles dans la fonte des minerais de cuivre. A cet égard, les collections que nous avons passées en revue ne renferment rien de neuf : il n'y a pas de modifications accentuées à signaler dans la conduite du travail depuis 1855.

Nous n'entrevoyons d'améliorations possibles dans cette branche de la métallurgie et susceptibles d'une portée économique sérieuse, qu'en combinant dans ce qu'elles ont chacune d'avantageux et de plus favorable à la réussite des réactions chimiques les méthodes allemande et galloise, qui pourraient être ramenées à cette formule de beaucoup la plus rationnelle :

1° Grillage des minerais en tas ou à réverbère ;

2° Fonte du minerai grillé au four à manche ;

3° Grillage de la matte à l'air libre ;

4° Fonte au four à manche pour cuivre noir ;

5° Affinage et raffinage du cuivre noir au four à réverbère.

A défaut des renseignements que je réclamais tout à l'heure, il convient d'exposer succinctement l'économie de la méthode galloise et son mécanisme, méthode et mécanisme qu'on a beaucoup trop vantés, croyons-nous, parce qu'on ne s'est pas rendu un compte bien exact des conditions particulières qui la régissent.

La méthode galloise la plus usitée, — car cette méthode n'a pas une marche constante et régulière, une formule unique, — consiste en six opérations, dont le nombre est porté dans quelques usines à huit, par suite des modifications résultant de la nature des minerais traités ou des mélanges employés,

Ces conditions, nous n'avons pas à le dire, influent sur la marche des diverses opérations nécessitées par la nature du traitement. Il se résume dans les termes suivants :

I. Grillage à flamme très-oxydante que les Anglais désignent sous le nom impropre de *calcination*; durée variable selon la nature du produit grillé et des minerais employés dans les opérations ultérieures; transformation complète, sinon nécessaire, des sulfures en oxydes ; élimination d'une certaine quantité d'arsenic, d'antimoine; formation d'antimoniates et d'arséniates.

II. Fusion à flamme peu oxydante du minerai grillé avec addition de scories de l'opération n° IV et des minerais pyriteux. Produits : matte bronze renfermant 35 pour 100 de cuivre et des métaux associés, étain, arsenic, antimoine, etc., et des scories qu'on rejette. Les oxydes et les sulfures réagissent les uns sur les autres, le fer se combine en grande partie avec la silice, la plus grande partie des métaux associés passe dans la matte qu'on grenaille.

III. Grillage de la matte bronze grenaillée, oxydation lente à basse température, terminée par un coup de feu vif : élimination d'une partie de l'arsenic et de l'antimoine : travail régi par la nature de la matte et par celle des minerais employés dans les opérations ultérieures.

IV. Fusion de la matte grillée avec des minerais oxydés et carbonatés et des matières riches en oxyde de cuivre provenant des opérations V et VI. Produits : matte blanche renfermant environ 75 pour 100 de cuivre et scories qu'on repasse dans l'opération n° II. Réactions presque semblables à celles de l'opération n° II, elles se bornent presque à une double décomposition entre le sulfure de fer et l'oxyde de cuivre : c'est à ce but que tendent les mélanges. Les métaux associés restent presque entièrement dans la matte, l'oxyde de fer passe dans la scorie à l'état de silicate.

V. Rôtissage de la matte. Fusions et refroidissements successifs pour expulser le soufre et les métaux associés et scorifier une partie du fer et de l'étain. Séparation du cuivre à l'état de cuivre à ampoules. Produits : scories très-riches qu'on repasse dans l'opération n° IV, et cuivre brut renfermant 95 pour 100 de cuivre.

VI. Affinage et raffinage. Produits : cuivre marchand, scories riches qu'on repasse dans l'opération n° IV. Affinage : oxydation des métaux associés qui disparaissent en partie dans les crasses ; élimination du fer et du zinc ; addition de plomb pour séparer, par précipitation, partie de l'antimoine et de l'étain ; formation d'oxydule de cuivre qui, déplaçant le soufre, se dissout dans le métal fondu en donnant du cuivre brut (*dry copper*). Raffinage du cuivre brut par la désoxydation et le brassage.

Nous nous contenterons d'indiquer les modifications introduites dans diverses usines ; elles donnent les mêmes résultats que le traitement ci-dessus.

A. 1° Calcination ; 2° fusion avec addition de scories ; 3° grillage de la matte obtenue ; 4° fusion de la matte avec addition de matte blanche, de carbonates natifs et de scories de rôtissage ; 5° fusion de la matte avec des scories d'affinage ; 6° rôtissage, production de cuivre brut ; 7° affinage et raffinage.

B. Teneur moyenne des minerais, 9 pour 100. 1° Calcination ; 2° fusion avec addition de scories riches ; 3° grillage ; 4° fusion avec addition de carbonates natifs et de scories riches des opérations V et VI ; 5° grillage de la matte obtenue ; 6° fusion avec scories d'affinage ; 7° rôtissage, production de cuivre brut ; 8° affinage et raffinage.

C. Teneur moyenne des minerais, 9 pour 100. 1° Fusion, on supprime la calcination ; 2° grillage ; 3° seconde fusion avec addition de carbonates natifs et de scories de rôtissage et d'affinage ; 4° transformation par le rôtissage de la matte bleue en une matte enrichie ou *blister metal* ; 5° transformation par le rôtissage de cette dernière en cuivre brut, *coarse metal* ou *blistered copper* ; 6° affinage et raffinage.

Expulser les produits étrangers par des grillages et des fusions plus ou moins réitérés, par des mélanges variables, soit de laitiers soit de scories, ou de minerais, successivement plus purs ou plus riches, par des sulfurations et des oxydations alternées, par la formation de scories et de crasses, telle est, pour la traduire en un mot, la méthode galloise. On comprend qu'un traitement aussi complexe, des manipulations aussi délicates exigent de la part des ouvriers une habileté peu commune, et chez les chefs d'ateliers non moins de vigilance et de sagacité, pour associer convenablement les matières de richesse et de nature si différentes qui interviennent chaque jour dans la fabrication, afin de ne pas interrompre la régularité du travail courant et de ne pas s'exposer à porter la perturbation dans la composition fondamentale des lits de fusion, d'où dépendent en si grande partie la sûreté des manipulations et partant les bénéfices que les fondeurs attendent de l'élaboration de minerais de nouvelle provenance.

Ce n'est pourtant pas à dire que la grande variété de composition des approvisionnements de la plupart des usines, les oblige à modifier, suivant chaque catégorie de minerais, la formule générale des mélanges déterminés par la pratique. Ils sont, au demeurant, de qualité assez uniforme pour qu'on ne puisse pas remarquer un mode de traitement spécial à chacune d'elles. Les modifications apportées d'une usine à l'autre sont en raison de ses approvisionnements et ne sont, en réalité, pas autre chose qu'un changement apporté aux proportions accoutumées pour déterminer plus activement les réactions voulues, ou pour extraire, à moins de frais, le métal d'une matière plus complexe. Ainsi, en dehors des minerais carbonatés et oxydés riches de l'Amérique du Sud, qui pourraient motiver et qui accidentellement motivent des manipulations spéciales, mais qu'on trouve infiniment préférable d'associer aux minerais sulfurés, on doit admettre que la composition des lits de fusion reste à peu près constante ; d'abord, parce qu'on ne déroute pas l'ouvrier dans l'appréciation des phénomènes auxquels il est habitué, ensuite parce que les fondeurs s'attachent à maintenir dans un cercle prévu les frais spéciaux de traitement qui servent à baser leurs offres d'achat. Nous avons pu nous rendre compte tout récemment de ces diverses circonstances en suivant la marche du travail des principaux établissements du district de Swansea.

En principe et dans l'application, les lits de fusion se composent invariablement de minerais sulfurés grillés, auxquels on ajoute des carbonates crus. Les chiffres qui vont suivre, représentant une charge, serviront à donner une idée exacte des bases les plus usitées, du moins en ce moment :

Minerai grillé	1,800 kilogrammes	} 2,200
Scories riches	400 —	
Minerai cru, carbonates.	1,300
	Total. . . .	3,500

Ces quantités, dont la teneur est calculée sur un rendement effectif de 8 à 9 et quelquefois 11 pour 100, peuvent sans doute varier avec la nature des minerais, leur fusibilité et les dimensions du fourneau, mais leurs proportions diffèrent généralement très-peu.

Dans les premières manipulations du travail, il est utile de remarquer que l'attention du chef d'atelier se porte bien moins sur l'élaboration du cuivre que sur la formation de la scorie, car du dégagement de la silice dépend l'obtention d'un bon silicate de fer, bien liquide, qui se sépare facilement de la matte. Aussi voit-on les efforts de l'ouvrier tendre à ce résultat. En effet, une scorie pâteuse retenant une partie de la matte à l'état de petites grenailles riches en métal, cause une perte de cuivre. Une scorie peu chargée est donc le meilleur indice de la bonne marche de l'opération ; de là les soins assidus des chefs de fabrication et des ouvriers à l'examiner attentivement.

Insister davantage sur ces détails serait reproduire sans nécessité des observations bien connues des praticiens ; il suffira de les ramener à une forme synthétique, appuyée des données numériques propres à chacune des opérations pratiquées, pour arriver à la production du cuivre marchand.

A. — Méthode galloise. — Conduite et résultats.

1. — Le *grillage* s'opère avec des fours à une sole ou à deux soles : dans les deux, le résultat final est le même. Ici, la charge, divisée en deux parties, s'échauffe sur la première sole, sans presque de changement dans la composition chimique, et passe au bout de six heures sur la seconde sole, c'est-à-dire sur la plus rapprochée du foyer, où elle reste le même laps de temps, soumise à une température plus élevée. Là, la charge entière est introduite dans le fourneau et y reste douze heures. Dans les deux cas, on parvient à griller sensiblement les mêmes quantités. Le four à une sole est de beaucoup le plus employé ; c'est le type des usines d'Hafod, de Middle-Bank, Morfa, etc. A Swansea (¹), on grille par semaine de 90 à 100 tonnes de minerai, un peu plus de 7 tonnes par charge, en consommant de 7 à 8 tonnes de charbon. Il n'y a pas de règle fixe pour la durée et le degré du grillage, parce qu'on ne cherche jamais à éliminer la totalité du soufre : toutefois, on admet qu'un laps de douze heures est suffisant, quoiqu'il soit parfois nécessaire d'aller jusqu'à dix-huit et vingt heures.

Un four de grillage est desservi par six ouvriers, travaillant par poste de douze heures, trois de jour, trois de nuit ; ils sont payés à la journée et reçoivent chacun par semaine (six jours) de 17 fr. 50 à 20 francs (14 à 16 shillings), car on ne travaille pas le dimanche.

Citons à titre d'exemple les changements qu'on peut observer dans un minerai qui aurait pour composition.

Cuivre	8
Soufre	23
Silice	45
Fer	24

(¹) Voir *Traité de Métallurgie*, Percy, Petitgand et Ronna, t. **IV**, fig. **3, 4, 5, 6 à 14**, p. 167 à 170.

On aurait les résultats suivants :

<table>
<tr><td colspan="2">Avant le grillage.</td><td colspan="2">Après le grillage.</td></tr>
<tr><td>Sulfure de cuivre</td><td>Cuivre 8
Soufre 2</td><td>Sous-sulfure de cuivre</td><td>Cuivre 8
Soufre 2</td></tr>
<tr><td>Sesquisulfure de fer</td><td>Fer 24
Soufre 21</td><td colspan="2">Soufre 10
expulsé ou remplacé par</td></tr>
<tr><td></td><td></td><td>Sesquioxyde de fer</td><td>Oxygène 5,40
Fer 12</td></tr>
<tr><td></td><td></td><td>Sesquisulfure de fer</td><td>Soufre 11
Fer 12</td></tr>
<tr><td colspan="2">Silice. . . . . 45</td><td colspan="2">Silice . . . . 45</td></tr>
</table>

et quelqué peu de sulfure de sodium, obtenu en refroidissant le minerai avec de l'eau de mer jetée sous la voûte.

II. *Fonte des minerais.* — Le lit de fusion est composé suivant les proportions indiquées plus haut, auxquelles on ajoute, selon l'occurrence, des fondants appropriés.

Le travail marche jour et nuit, le dimanche excepté ; on peut passer par jour cinq et même six charges ; le four est desservi par deux fondeurs alternant de jour et de nuit et un rouleur pour amener le charbon, dont le salaire est de 1 fr. 10 c. Les fondeurs sont payés par tonne de minerai chargé et reçoivent de 1 fr. 90 c. à 3 fr. 34 c. (1 s. 6 d. par 22 quintaux à 2 s. 9 d. par 33 quintaux), ou environ 35 francs chacun par semaine. Ils sont aidés dans leur travail par les ouvriers des fours contigus. On consomme par semaine, pour quatre ou cinq charges, 30 tonnes de charbon de bonne qualité.

Les matières enfournées doivent rendre une première matte, la *matte bronze*, composée de :

Cuivre	9	à	10 1/2
Fer	10 1/4	à	15
Soufre	10 1/4	à	7

et des scories renfermant :

Silice.	55	à	65
Fer.	24	à	29

avec des traces d'étain et d'antimoine. La scorie consiste

en un protosilicate de fer renfermant 34,62 de protoxyde de fer et 65,58 de silice, plus ou moins empâtée de fragments quartzeux.

III. *Grillage de la matte bronze granulée.* — Elle est chargée dans un fourneau pareil à celui qui sert au grillage et y subit un traitement analogue.

La charge, de 3 à 3 1/2 tonnes, séjourne vingt-quatre heures dans le four ; on l'agite avec un râble chaque deux heures ; au bout de ce temps, elle est précipitée dans les caves placées sous les fours, d'où le soufre, en se vaporisant, est entraîné vers la cheminée.

On passe environ six charges et on consomme par semaine sept tonnes de charbon, ici de qualité médiocre, là un peu meilleure, de nature flambante, qui est préférable. Deux hommes de jour et autant la nuit conduisent le four ; ils gagnent chacun de 22 fr. 50 c. à 25 francs (18 à 20 shillings) par semaine.

La matte granulée perd dans cette opération une grande partie de son soufre, en absorbant de l'oxygène qui a donné naissance à des oxydes de cuivre et de fer ; elle est généralement composée de :

Cuivre	33
Fer	33
Soufre	33

IV. *Fonte de la matte grillée.* — Elle s'exécute dans le même fourneau, ou dans un four pareil à celui qui sert à fondre le minerai (*ore-furnace*), dont nous donnons le dessin (pl. I, fig. 8, 9, 10 et 11).

La charge est uniformément comprise entre 52 et 48 quintaux, avec addition nouvelle de minerai brut et riche, carbonaté. La répartition des matières présente quelques variations, déterminées ou par l'état de la matte granulée, ou par les approvisionnements de l'usine ; en voici des exemples :

1° Matte grillée	24 quintaux		1219 kil.
Minerai carbonaté	24 —		1219
Scories d'affinage et de rôtissage	1 —		50
		Soit	2490 kil.

2° Matte grillée . . . .   23 quintaux. . . . 1168 kil.
Carbonate riche.   24   —   1219
Scories d'affinage et de rôtissage.   5   —   255

                                                                2642 kil.

3° Matte grillée. . . . .   20 quintaux. . . . 1016 kil.
Carbonate riche.   20   1016
Scories d'affinage et de rôtissage.   8   —   406

                                                                2448 kil.

La matte grillée et broyée pourrait très-bien se traiter avec des scories, ainsi que cela a eu lieu sur le continent avec les mattes riches et les oxysulfures riches du Chili ; mais les fondeurs anglais, qui reçoivent beaucoup de ces minerais et des carbonates, trouvent plus avantageux de les réduire de cette façon.

Les matières qui entrent dans la composition des lits de fusion sont soigneusement mélangées avant d'être livrées aux ouvriers.

Une fonte dure six heures et se conduit comme le fondage des minerais, sauf que l'écumage est plus actif et que la coulée de la matte se fait au bout de deux charges.

Le four est desservi par deux fondeurs, se relevant chaque douze heures, et brûle environ 30 tonnes de bon charbon par semaine. Le salaire hebdomadaire des ouvriers s'élève de 68 à 70 francs environ ; il est calculé sur l'élaboration de deux charges qui peut s'effectuer communément en douze heures.

On a pour produit de la *matte bleue* et des scories.

La matte bleue renferme de 70 à 83 pour 100 de cuivre et de 30 à 17 pour 100 de soufre.

Les scories sont des protosilicates de fer contenant du cuivre, de l'antimoine, etc. Une bonne scorie doit présenter une cassure brillante à vive arête et être dépourvue de grenailles à l'intérieur.

V. *Rôtissage de la matte bleue.* — Le four à rôtir est en tout semblable au four de fusion des minerais ; seulement il n'a pas de trémie, le chargement se faisant par la porte latérale ;

il est pourvu à chaque angle du pont d'un orifice qui permet de faire affluer l'air extérieur sur la sole.

Une charge se compose de 3 à 3 1/2 tonnes de matte, égale, ou à peu près, à la production de 2 1/2 à 3 tonnes de cuivre brut, dont l'élaboration dure de vingt-deux à vingt-quatre heures.

Au début, les prises d'air sont ouvertes ; on élève graduellement la température, pendant huit heures, jusqu'au rouge ; on l'augmente ensuite pendant les huit heures suivantes, de manière à mettre la matière en fusion lente et progressive. On ferme les ouvreaux ; on calfeutre les portes avec de l'argile et l'on donne un vigoureux coup de feu pour mettre la charge en pleine fusion. Cette période du travail dure deux à trois heures, puis on ouvre la porte du travail, on agite le bain avec un râble, on enlève les scories riches qui se sont formées et l'on coule le métal en pains.

Cette *purification* permet d'obtenir un métal propre à l'affinage. Il s'exporte assez souvent dans cet état sur le continent, notamment dans les usines françaises, où il est reçu sous le nom de *cuivre brut* ou *noir*, pour y subir les élaborations voulues. Il est alors coulé en saumons dans des moules en fer. C'est du cuivre à ampoules, *blistered copper*. De grandes ampoules sont un signe de bonne qualité du *cuivre noir*. Mais s'il est trop impur, ou s'il doit être raffiné sur place, il est coulé dans le sable et subit un second rôtissage qui dure de douze à quinze heures.

VI. — Les minerais très-impurs, qui parfois se trouvent en excès dans l'approvisionnement de certaines usines, et qu'il faut alors admettre dans les lits de fusion en plus fortes proportions, obligent à de nouvelles manipulations, qui conduisent à ce qu'on appelle la *matte blanche*, qui, à son tour, passe au rôtissage, partagé, comme le premier, en deux périodes plus rapides, parce qu'il y a moins de sulfure de fer et parce que les matières sur lesquelles s'opèrent les réactions se trouvent en moindre quantité que dans le premier rôtissage. La durée d'une opération est de quatre à cinq heures, exigeant tout près d'une tonne de houille ; on obtient des *mattes régules*, des débris et des fonds de sole ou *bottoms* très-impurs, imprégnés notamment d'antimoine, d'étain, d'arsenic, etc.

Les scories de la fonte pour matte bleue, mélangées avec les scories des deux rôtissages, qui entraînent avec elles la plus grande partie des métaux étrangers : étain, nickel, etc., sont refondues avec quelque peu de minerais pauvres quartzifères, dont on retire un cuivre noir impur, une matte blanche assez riche en cuivre plus pur, et un alliage d'étain, de cuivre et nickel, qui est soumis à un travail spécial pour Nickel.

Mais cette interversion dans la formule générale du traitement habituel n'altère pas son principe, c'est un complément plutôt qu'une modification, ne s'appliquant que dans des circonstances déterminées, et que l'on cherche d'ailleurs à éviter en revenant le plus vite possible aux éléments accoutumés.

Au demeurant, que ce soit une modification ou un complément de la méthode suivie dans telle ou telle usine, ces manipulations intermédiaires ont toujours pour conséquence d'enrichir la matte et de l'amener à un plus grand état de pureté par l'élimination des métaux étrangers, qui s'opère sous l'influence des rôtissages, sorte d'affinage préliminaire, tendant à produire un cuivre noir mieux purifié, pour subir les opérations ultérieures de l'affinage et du raffinage.

VII, VIII. *Affinage et raffinage.* — Le four d'affinage a les mêmes dispositions que les fourneaux de fusion; mais il est moins grand, n'a pas de trémie ni de trou de coulée. Il n'y a que trois ouvertures : celle du foyer, une porte latérale pour le chargement, et la porte de travail, où se fait le déchargement avec des cuillers garnies d'argile. La sole, un peu concave, incline légèrement de l'autel vers la porte de travail. Dans certaines usines, la sole est à une profondeur d'autant plus faible de l'autel que le cuivre contient une plus forte proportion de métaux étrangers.

La charge d'un fourneau de raffinage varie de 5 à 6 tonnes de cuivre brut en pains. L'opération dure un jour; on brûle en moyenne de 2 à 3 tonnes de charbon, non compris le charbon de bois introduit sur la sole, ou, à défaut de celui-ci, de la houille maigre très-pure, qui coûte moins cher. Quatre ouvriers, dont un chef affineur, se relevant tour à tour, desservent le four; mais, au moment de la coulée, un nombre égal d'ouvriers supplémentaires viennent les aider.

Il nous paraît inutile d'exposer la conduite du raffinage et de l'affinage qui le précède invariablement, et de décrire les réactions caractéristiques de cette double opération ; disons seulement que le travail se divise en deux périodes distinctes.

La première consiste essentiellement, de même que le rôtissage, à oxyder une partie du cuivre lui-même et les métaux étrangers ; elle donne un cuivre cassant, sec (*dry*), d'un rouge pourpre foncé, à grain grossier, un peu cristallin, d'un éclat métallique faible, entièrement privé de l'éclat soyeux. — Le cuivre est amené à l'état de *cake copper*, qui correspond au *cuivre rosette* du continent. Les métaux étrangers ont passé dans la scorie, le soufre a été éliminé et la plus forte proportion de l'oxydule de cuivre contenu dans le bain a été réduite.

La seconde période commence aussitôt après l'accomplissement des réactions précédentes. Elle a pour but de réduire l'oxyde et de donner à la fois au cuivre de la ténacité et de la malléabilité. La quantité de charbon se règle d'après l'aspect du cuivre des derniers essais de la première période. Cette dernière partie du travail (raffinage) est délicate et exige une extrême attention de la part du chef affineur, pour l'arrêter au point voulu. Cette difficulté est d'autant plus grande que l'état chimique du cuivre se modifie avec une certaine rapidité, et qu'il faut, avant de le couler, saisir le moment précis où l'oxydule se trouve complétement dissous, sans production de carbure de cuivre, qui serait dû à un excès de température. Les prises d'essai doivent constater un grain plus fin, une couleur plus claire et l'éclat décidément soyeux. Le contact trop prolongé du charbon ou de la perche (*poling*) employée pour agiter le bain lui ferait absorber du carbone, rendrait le métal cassant, et accroîtrait la difficulté de lui donner de l'homogénéité par une nouvelle oxydation ; cet inconvénient se reconnaît à sa couleur jaunâtre et à sa texture grenue et fibreuse. Il faut, en outre, ne pas oublier que le cuivre impur ne doit pas être tout à fait désoxydé pour lui conserver le plus grand degré de ténacité.

Le cuivre raffiné, coulé en lingots, s'obtient des cuivres bruts soumis au traitement dans des proportions un peu variables ; la moyenne est d'environ 85 pour 100.

Il se divise en plusieurs sortes, qui reçoivent dans le commerce divers noms : *best selected*, *tough copper*, *tile copper*, suivant qu'il provient de matières plus ou moins impures et qu'il a acquis des qualités de malléabilité et de ductilité plus ou moins parfaites.

Le cuivre de choix, *best selected*, présentant à l'analyse la composition suivante :

Cuivre.	99,80 à 99,85
Fer.	0,10 à 0,15
Plomb.	} Nul.
Antimoine.	
Oxygène.	Traces.

remplit les meilleures conditions de vente : s'il renfermait 0,01 ou seulement quelques traces d'antimoine, il serait refusé.

Le cuivre rosette, *cake copper*, composé de :

Cuivre	99,60 à 99,70
Fer.	0,10 à 0,15
Plomb	0,10 à 0,15
Antimoine.	0,04 à 0 06

est regardé comme un des meilleurs.

L'opération complète, affinage et raffinage, exige un travail de vingt-deux à vingt-trois heures avec les cuivres noirs ordinaires, et de vingt-quatre à vingt-cinq heures avec ceux de qualité inférieure.

Prix de revient. — Il est fort difficile d'évaluer d'une manière précise les frais de traitement ; les éléments dont il faut tenir compte sont si mobiles et si divers, qu'on ne peut les établir que très-approximativement. Rien que pour déterminer le prix du combustible, source principale de dépenses, la chose est déjà presque impossible, eût-on à sa disposition la comptabilité des usines, ce qui n'est pas le propre des exploitants anglais et encore moins des fondeurs gallois. Personne n'ignore, qu'en général, les fonderies possèdent à bail les houillères qui les alimentent; que celles-ci commencent par vendre les meilleures qualités et le gros charbon pour l'exportation, dont les proportions variables et le prix soumis aux fluctuations du marché servent à fixer la valeur du menu que les ateliers consomment. On voit tout de suite quelle incertitude règne à ce sujet. Ailleurs, les charbons menus et médiocres ne sont pas économiques, malgré leur bas prix relatif; ils produisent beaucoup de mâchefers et supportent un énorme déchet. Ils rendent le travail des grilles plus malaisé en nuisant à la marche du fourneau, tandis que le bon charbon, plus avantageux comme élément de chauffage, donne une allure plus régulière, une température plus soutenue et des résultats plus certains. Or, de tels combustibles interviennent aujourd'hui dans le roulement des usines en porportions qu'il est impossible de fixer d'une façon absolue. Tout ce que l'on peut dire, c'est que les charbons pulvérulents, les anthracites, ne figurent que pour une faible part dans l'ensemble des opérations. Ajoutez à cela que la nature des minerais détermine des consommations plus ou moins fortes, que la main-d'œuvre est en relation avec le taux général des salaires, et que le prix des matières premières, etc., etc., se modifie d'après mille circonstances particulières dont l'analyse justifierait au delà la circonspection que ce sujet commande.

Les considérations si justes développées, à cet égard, par le docteur Percy [1] sur l'appréciation du prix de revient de la fonte du cuivre, nous imposent la même réserve; elles correspondent avec nos propres études et avec les renseigne-

---

[1] *Traité de Métallurgie*, Percy, Petitgand et Ronna, t. V, p. 373.

ments particuliers qui nous ont été communiqués par les directeurs des usines que nous avons visitées.

Ainsi, dans l'état actuel et en dehors des classifications qu'on a pu faire sur telle ou telle espèce de minerai, — nous n'avons pas eu occasion d'observer ces distinctions, — on est fondé à admettre que les frais seuls de traitement, par tonne de cuivre, s'élèvent, suivant la consistance des mines, en évaluant le rendement effectif du minerai à 8 pour 100, de 218 à 250 francs. Mais dans ces chiffres ne sont pas compris les frais de transport, les frais de vente et d'achat des minerais, l'intérêt du capital et autres frais accidentels dépendant de la position locale et du voisinage du marché.

Il y a trente ans, on estimait que pour produire une tonne de cuivre, valant alors 2,380 francs, avec des minerais rendant 12 1/2 pour 100 de cuivre raffiné, il fallait dépenser en moyenne, savoir :

Charbon	165 francs.
Main-d'œuvre, entretien, ré-	
parations, frais accessoires	
et frais généraux, de . . .	250 à 300 —
Soit. . .	465 francs.

Dans son travail (¹) qui remonte à l'année 1848, M. F. Leplay, après des considérations auxquelles nous renvoyons le lecteur, émet l'hypothèse d'une fonderie pouvant produire annuellement 1,000 tonnes de cuivre. Partant de là, il estime que le capital employé doit être de 1,250,000 francs ; un cinquième environ de ce capital est immobilisé sous forme de constructions ; le reste, à l'état de fonds de roulement, est représenté par les minerais achetés, par les produits cuivreux en élaboration dans la fonderie, par les cuivres marchands en magasin, par les créances des acheteurs et enfin par les sommes disponibles.

(¹) *Descript. des proc. mét. du pays de Galles* pour la fabrication du cuivre, p. 369. Voir § 14, p. 356 à 386. Frais du traitement métallurgique, etc.

Dans ces conditions, il évalue approximativement l'intérêt des capitaux engagés à 330,750 francs, savoir :

```
Capital des constructions. . . .   1,575,000 à 5 %,     78,750 francs.
  —    des fonds de roulement.   6,300,000 à 4 %,    252,000    —
                                                     ―――――――――
                                  Total. . .   330,750 francs.
```

Résumant ensuite les dépenses de toute nature comprenant les charges imposées au fondeur par le transport des minerais, leur traitement métallurgique, etc., il groupe ces frais sous trois titres : 1° transport des minerais ; 2° traitement métallurgique ; 3° intérêt du fonds de roulement ; ils sont réunis sous cette forme dans le tableau suivant que nous transcrivons à titre de renseignement et pour faire voir combien les appréciations peuvent différer.

Tableau des frais relatifs à une tonne de minerais à la teneur de 0.137 et rendant effectivement 0.133.

DÉSIGNATION des CATÉGORIES DE FRAIS.	FRAIS ANNUELS.		FRAIS PAR TONNE.		OBSERVATIONS.
	Partiels.	Totaux.	Partiels.	Totaux	
	shil.	shil.	shil.	shil.	D'après ces données, la tonne de cuivre de qualité ordinaire exigeant 8t12 de minerais mélangés, achetés en Cornwall et à Swansea, reviendrait à la fonderie, prise pour exemple, à raison de 36 fr. 60 c. (29 sh.28, par tonne de minéral :
I. TRANSPORT DES MINERAIS.					
0t.70 minerais achetés en Cornwall........	253.800	»	5.40	»	
0t.30 minerais achetés à Swansea...........	13.630	»	0.29	»	
Total des frais de transport................	267.430	267.430	5.69	5.69	8t,12 × 36 fr. 60c. = fr. 297.19.
II. TRAITEMENT MÉTALLURGIQUE.					
Frais spéciaux.					
Main-d'œuvre..........	197.400	»	4.20	»	
Combustible...........	345.920	»	7.36	»	
Matériaux et réactifs divers.................	75.670	»	1.61	»	
Total des frais spéciaux.	618.990	618.990	13.17	13.17	Laissant de côté les frais de transport, 5sh.69, et les intérêts du capital 4 sh.29, les frais spéciaux et les frais généraux du traitement métallurgique s'élèveraient uniquement à 10 sh. 30 ou à 24 fr. 13 c.
Frais généraux.					
Travaux et frais relatifs à l'ensemble du traitement...............	38.700	»	0.82	»	
Entretien du matériel de la fonderie...........	74.200	»	1.58	»	
Location de terrain.....	30.000	»	0.64	»	
Impôts, secours aux ouvriers ; souscriptions aux établissements d'utilité publique.......	31.000	»	0.66	»	
Administration ; direction de la fonderie et des opérations commerciales................	51.000	»	1.09	»	Soit 8t,12 × 24 fr. 13 c. = 195 fr.94c.
Intérêts des capitaux en construction et mobilier................	63.000	»	1.31	»	
Total des frais généraux.	287.000	287.000	6.13	6.13	
Total des frais du traitement métallurgique...	906.890	906.890	19.30	19.30	
III. INTÉRÊT DU FONDS DE ROULEMENT.					
Intérêts du capital de 50.40000 shillings..	201.600	201.600	4.29	4.29	
TOTAL GÉNÉRAL... 1 shilling = 1 fr. 25.	1.375.920	1.375.920	29.28	29.28	

M. Rivot, après avoir décrit, de son côté, les opérations de la méthode galloise, et venant à supposer que les minerais se divisent en trois catégories, a évalué de la manière suivante, les frais spéciaux de traitement pour chacune d'elles :

	I Minerais ordinaires.	II Minerais purs.	III Minerais impurs.
Main-d'œuvre...............	6 fr. 972	7 fr. 935	5 fr. 848
Combustibles. Houille 1 t. 797..	11 706	1 t. 887 11 610	1 t. 648 10 187
Anthracite.........	0 103		?... 9 004
Charbon de bois.		0 360	
Bois.............	0 100	0 065	0 003
Réactifs. Spath-fluor 0 t. 051.	0 043	0 043	0 643
Outils et frais divers.........	1 652	1 958	1 525
Total des frais spéciaux.....	20 576	21 721	27 210

D'après ces nombres et les rendements admis de 0,081 de cuivre marchand pour 1 de minerai, les frais spéciaux, rapportés à la tonne de cuivre marchand extrait de celui-ci, seraient respectivement de :

I	II	III
213 francs.	342 francs.	535 fr. 60 c.

Sans discuter ces chiffres, qui se rapprochent en somme le plus, quant à la première et à la seconde catégorie, de ceux qu'on trouve dans la *Métallurgie* de Percy, tout sera dit sur ce chapitre, en rappelant ce que celui-ci a exprimé touchant l'opinion du chef d'une des plus grandes usines des environs de Swansea, à savoir que les frais de traitement, par tonne de minerai, s'élèvent en moyenne à 29 fr. 15, dont le coût par rapport au cuivre contenu resterait dans la limite de 250 francs.

Lorsqu'on envisage la multiplicité des éléments et la diversité des conditions qui viennent concourir au succès des usines galloises, il est peut-être permis de se demander, en voyant le développement inattendu des usines à cuivre qui se sont élevées au Chili, aux États-Unis et en Australie, où les minerais riches et carbonatés abondent, si le traitement des minerais du Cornwall ne se trouverait pas compromis un jour par l'absence de ceux-ci, et si le commerce de cuivre anglais serait lui-même exempt de toute vicissitude ! Joignez à cela la cherté croissante du combustible en Angleterre, et comparez sa consommation, de 15 à 20 tonnes, par tonne de cuivre, tandis que sur le continent elle ne s'élève habituellement que de 10 à 12 tonnes avec les minerais pauvres qui, en définitive, de même que dans les centres métallurgiques du continent où nous l'examinerons plus tard, constituent la véritable base de la fabrication et du commerce du cuivre, et l'on comprendra sans peine que ces questions excitent les préoccupations des industriels anglais.

Aussi, malgré les habitudes commerciales imposées par les coutumes qui continuent de régir la vente des minerais, auxquelles la méthode galloise s'est identifiée et a, peut-on dire, puisé ses principes, la méthode galloise, disons-nous, est peut-être bien en voie de transformation. Déjà les fondeurs gallois, contrairement aux opinions reçues, s'appliquent à diminuer leur énorme consommation de charbon, soit qu'ils mettent fin à ce gaspillage traditionnel de combustible, soit qu'ils utilisent dans leurs manipulations des matières jusqu'alors perdues, les escarbilles qui tombent des foyers, ou bien qu'ils modifient ces organes pour obtenir à la fois des effets plus utiles et plus économiques, ou qu'enfin ils substituent à l'anthracite, — qui fait, quoi qu'on en ait dit, un mauvais travail, — un mélange de charbon sec et de charbon gras (1/3 sec pour 2/3 gras), beaucoup plus favorable et développant des températures plus efficaces et plus régulières.

Tels sont les faits nouveaux qui ont attiré notre attention ; il y a quelques mois, en examinant la marche et la situation des usines du pays de Galles ([1]), j'ai pu constater com-

---

[1] Les améliorations signalées se remarquent principalement dans les vastes établissements de MM. Greenfeld et Cᵒ, Vivian et Cᵉ, etc., que j'ai été admis à visiter avec la plus entière courtoisie par les chefs de ces maisons ; je ne saurais trop reconnaître ici l'obligeance avec laquelle ces messieurs m'ont accueilli et la liberté qu'ils nous ont laissée, à mon ami M. Ronna et à moi, pour remplir le but de nos études.

bien certains détails de la fabrication s'étaient ou modifiés, ou avaient perdu de l'importance qu'on leur attribuait. Ainsi, l'emploi du spath fluor, considéré comme un élément de fondage essentiel, a à peu près disparu ; deux ou trois usines au plus y ont recours et n'en consomment pas plus de 80 à 100 tonnes chacune par an. Le four à fondre les minerais est toujours l'instrument le plus important de ce travail. Les dimensions du foyer dépendent surtout de celles de la sole, mais si elles varient dans l'estimation des praticiens, les rapports suivants semblent généralement acceptés, savoir : surface de la sole, 14^{mq},30 ; surface du foyer, 1^{mq},58 à 1^{mq},76. On remarque que les grilles sont très-notablement surélevées, et, par conséquent, beaucoup moins profondes ; l'épaisseur de la couche de charbon, bien plus faible, est regardée comme n'ayant pas une aussi grande importance que la surface de charbon incandescent, alors beaucoup plus rapprochée de la sole qu'elle déborde en produisant une flamme plus active. Dans cet ordre d'idées, et pour amoindrir les frais de grillage des minerais, les torrents de gaz sulfureux qui se perdaient dans l'atmosphère sont utilisés à la fabrication de l'acide sulfurique ; si bien que cette branche d'industrie semble devoir devenir, dans une certaine mesure, le corollaire obligé de la fabrication du cuivre en Angleterre. L'appareil employé dans ce but est entré dans le domaine de la pratique, et réalise les avantages que son inventeur, M. Gerstenhöfer, avait annoncés ; il fonctionne depuis un an chez MM. Vivian et fils, à Hafod, avec un succès qui ne s'est pas démenti. Mais les tendances qui se manifestent dans le besoin de transformer la méthode galloise, et dont le four Gerstenhofer semble être le point de départ, ne s'arrêtent pas à cette tentative : elle a pour conséquence l'adoption des fours à cuve de 6 mètres de hauteur environ, de 3 mètres de diamètre au ventre, soufflés par quatre tuyères. Ces nouveaux fours, utilisés pour la fonte crue des minerais et celle des premières mattes, se combineraient alors avec l'emploi des fours actuels, qui ne serviraient plus qu'au travail des mattes enrichies et à la production du cuivre brut, qui serait ensuite affiné et raffiné par les procédés actucls d'affinage, dont la supériorité sur les méthodes du continent est désormais bien reconnue.

Dans cet ordre d'idées, la méthode allemande, représentée par ces fours à manche, aurait donc, avec moins de frais, le pas dans les préliminaires du grillage et dans les fontes d'enrichissement pour mattes et cuivre noir qui exigent une action réductive plus continue et plus énergique, tandis que la méthode galloise terminerait la purification du métal brut avec le réverbère, dont le pouvoir oxydant est plus efficace et s'exerce plus économiquement sur les métaux étrangers. Le four à réverbère doit être, par ces mêmes raisons, préféré dans le traitement des cuivres natifs et des minerais oxydés, dont la réduction, plus rapide, s'accommode mieux de cet appareil.

Les tentatives dont nous avons été témoin aux usines d'Hafod, chez M. Hussey Vivian, semblent donner raison à la méthode mixte que j'ai esquissée plus haut. Elles autorisent à croire que le traitement des minerais sulfurés suivra tôt ou tard la voie que nous venons d'indiquer. C'est en l'adoptant résolûment que les fondeurs anglais peuvent conjurer la concurrence que leur font actuellement les usines transatlantiques.

§ IV.

LE CUIVRE AU CHAMP DE MARS. — POSITION DES DIVERSES NATIONS DANS LA PRODUCTION. — SON IMPORTANCE.

GRANDE-BRETAGNE. — L'exposition anglaise, si complète en 1862, s'est abstenue cette fois. On n'y voit pas ces séries de minerais, de mattes, de régules, de cuivre noir avec les scories correspondantes de chaque opération, et de cuivre rouge à ses divers états de raffinage, qui faisaient suivre toutes les phases du traitement et donnaient tant d'attraits à la belle exposition collective de Swansea. C'est à peine si les vitrines de MM. Bankart et fils et de la Compagnie anglaise du cuivre d'Australie (*English Australian*

3

Copper Company) donnent une idée de cette industrie puissante; ni l'une ni l'autre ne représentent ses conditions fondamentales. Ces sociétés n'opèrent d'ailleurs qu'avec des éléments déterminés qui ôtent à la méthode galloise son originalité. L'association des fondeurs du pays de Galles se serait-elle émue des progrès de la fabrication du Chili et des États-Unis, qui ne s'accuse, il est vrai, que par de magnifiques échantillons de minerais de la plus grande richesse? Cependant ces producteurs lui disputent déjà la prééminence sur les marchés européens et semblent vouloir saper le monopole que celle-ci exerçait sans partage. La fabrication galloise aurait-elle jugé inutile de donner la mesure de ses moyens? Aurait-elle craint, en présence de l'appauvrissement des gîtes de Cornwall, d'avouer ses appréhensions? ou enfin, aurait-elle dédaigné de renouveler une épreuve qui n'ajoutait rien à sa supériorité ou qui l'aurait mise en suspicion? Quelles qu'en soient les causes ou les raisons, cette abstention est regrettable, parce qu'elle enlève à la métallurgie ses termes de comparaison et qu'elle supprime le mobile qui la stimule.

Autriche. — Les usines de la haute Hongrie et du Tyrol, en Autriche, ont adopté la même réserve, pensant que deux épreuves suffisaient à leur gloire. Nous n'avons plus retrouvé ces modèles de préparation mécanique, de fours et d'ateliers minérallurgiques, accompagnés des nombreux produits dus aux méthodes ingénieuses qui ont fait la réputation de ces pays et contribué pendant longtemps à leur prospérité, en conservant les traditions et les préceptes de l'art qui les enrichissait. On ne sait si des améliorations ont été apportées à leurs procédés d'élaboration ou s'ils sont restés stationnaires. En tout cas, on pouvait, après un laps de douze années, les remettre en lumière. Les usines de la Styrie, avec leurs admirables aciers, ont seuls mérité cette faveur.

Prusse. — La Prusse n'est pas si discrète : elle a voulu qu'on sache bien que ses succès militaires ne sont pas seuls à affirmer sa marche ascendante ; elle y a réussi sans peine. La métallurgie y est en plein essor. Sans parler des exploitations du Harz , qu'elle vient d'ajouter à son domaine, les usines du Mansfeld se présentent escortées de leurs produits, depuis l'instant où la matière brute, telle qu'elle sort de ses gîtes, jusqu'à la matière préparée, enrichie, subit ensuite les manipulations de la fonderie, qui la rend sous forme de produit commercial , ou travaillée et façonnée pour les divers emplois de l'industrie. Dans les collections de ces usines figure encore l'argent obtenu par les procédés de M. Ziervogel ; ils consistent dans le grillage des mattes cuivreuses argentifères , soumises à une température lente et graduée, afin de ne pas décomposer le sulfate formé, sans recourir, comme l'ingénieur Augustin, à aucun réactif étranger, — le sel marin ; — de façon à produire des sulfates solubles, au lieu de chlorure d'argent, qui sont dissous et lavés dans l'eau chaude et précipités par le cuivre métallique. Après quoi, quand les lessivages sont terminés, les résidus cuivreux, débarrassés des matières étrangères, sont égouttés, mélangés avec de l'argile, convertis en briquettes, et finalement livrés à la fonte, qui s'exécute en suivant la marche ordinaire.

Il faut également signaler, dans cet ordre d'idées, emprunté aux principes du traitement qualifié de *traitement par voie humide*, les produits de la compagnie de Stadtberg, en Westphalie, qui traite annuellement de 70 à 75,000 tonnes de minerai, d'une teneur de 0,75 à 2 pour 100. Ceux-ci, les plus riches, sont attaqués par l'acide sulfurique, lessivés dans une dissolution aqueuse et précipités ensuite par un véhicule approprié, le fer ; ils donnent du *cuivre de cémentation*, qui se réduit et se raffine par les méthodes habituelles. Les premiers, de beaucoup plus abondants, sont traités par l'acide hydrochlorique, mélangé des eaux mères de sulfate de fer, dont on précipite le cuivre passé à l'état d'oxyde en faisant intervenir un courant d'air forcé sur les récipients.

Les procédés de traitement par voie humide qu'on rencontre ailleurs dérivent plus ou moins des méthodes pratiquées en Prusse ; ils ne diffèrent entre eux que par la conduite des manipulations ou par des modifications dans les moyens d'attaque et de précipitation, soit par le fer ou la fonte, soit par la chaux ou d'autres substances peu coûteuses, qui agissent, il est vrai, moins activement. Ils sont applicables sur la plupart des minerais, en particulier sur ceux à gangue siliceuse et notamment pauvres ; ces minerais se rencontrent dans presque tous les pays, où ils constituent en général des gisements très-étendus. Leur rôle considérable, dans la fabrication de l'acide sulfurique, leur donne, depuis quelques années, une importance réelle et explique la faveur qui semble s'attacher aux divers systèmes de traitement qui permettent de tirer parti des matières cuivreuses les plus pauvres, et jusqu'au fer que ces sortes de minerais renferment. J'y reviendrai dans un instant.

ESPAGNE. — Les mines de Rio-Tinto et d'autres mines de la province de Huelva, Santo-Domingo, Tharsis entre autres, ainsi que celles de la province d'Aveira, en Portugal, qui forment la suite de ces immenses gisements, déjà connues à l'époque romaine, sont exploitées très-activement et fournissent à l'Angleterre le principal appoint de ses fabriques d'acide sulfurique. La quantité des minerais espagnols importés dans ce pays est telle, que des usines spéciales s'y sont construites pour l'extraction de la faible proportion de cuivre renfermée dans les résidus du traitement pour acide. Les premières mines, qui appartiennent à l'Etat, traitent leurs minerais et les eaux chargées de cuivre qui s'écoulent des anciens travaux, par des méthodes de cémentation différant très-peu des procédés dont il a été question plus haut. L'administration espagnole a pris soin d'exposer nombre d'échantillons de ces mines célèbres, avant et après leurs diverses transformations pendant la durée du traitement. Ils sont accompagnés d'une série très-intéressante des eaux cuprifères à divers degrés de saturation, de céments calcinés, de mattes et du métal raffiné dû à ces élaborations successives. Finalement, l'administration espagnole a joint à

ces produits des échantillons du combustible employé, le
matériaux de construction des fours, et jusqu'à des débri
de fonderies romaines, qui permettent de préjuger assez
exactement le travail de l'antiquité. De telles expositions
portent avec elles leur enseignement et apprennent ce qu
pourrait s'entreprendre ailleurs, dans les contrées dotées
des mêmes éléments.

Suède.—En Suède, nous trouvons aussi les spécimens variés
de la fabrication d'Atvidaberg, avec les modèles de fours et
l'attirail des appareils consacrés au traitement métallurgique,
dont les produits sont classés méthodiquement, avec la
science du métier qui distingue ce pays. Les minerais d'Atvidaberg, de même que ceux plus connus des mines de Fahlun,
appartiennent à la classe des minerais pauvres ; ils ne rendent
que de 2 1/3 à 3 pour 100. Mais ils peuvent aussi, comme
on le voit, se traiter très-avantageusement par la voie sèche.
A côté de ces produits s'étalent, disposés dans le même esprit,
ceux d'autres usines, telles que Stora, Kopperberg, Gustaf
et Carlberg, à Oerstersund-Husa, qui se font non moins remarquer par leur excellente qualité que par la belle facture
des cuivres façonnés en feuilles ou étirés en fils. — Les
cuivres ouvrés de Leren, les produits des mines de Roras
et d'Espidel-Nickel, dont la teneur ne dépasse pas 1 à
1 1/2 pour 100, et enrichis pour la fonte par un procédé
particulier de grillage, qui concentre, au milieu de noyaux
agglutinés, le cuivre réuni en noyaux, forment le contingent
de la Norvége; ils disent ce que peuvent ces procédés ju-
dicieusement appliqués à des minerais si pauvres.

Italie. — L'Italie est représentée par les mines de Monte-
Cattini, traitées en partie à l'usine de la Briglia, près de Florence, par la méthode allemande, et par les mines d'Agordo,
dans la haute Vénétie ; celles-ci donnent lieu à un procédé
mixte, qui y est exploité avec la plus grande habileté depuis
une époque déjà assez ancienne et dans lequel le grillage en
noyaux ou de concentration joue le principal rôle.

RUSSIE. — Les échantillons de métal et de minerais exposés par la Russie n'ajoutent rien à la réputation des cuivres Demidoff et Parkhoff, si recherchés en France pour leur excellente qualité. Les produits des usines de Bogoslovsk, alimentées par des minerais d'une teneur de 1 1/2 à 2 pour 100, extraits des vastes gisements du gouvernement de Perm, sont également dans ce cas. Malgré l'abondance des gîtes de la Sibérie et l'économie du traitement, cette fabrication reste stationnaire.

GRÈCE. — La Grèce ne figure dans cette industrie que par quelques rares échantillons, n'ayant d'autre mérite que de rappeler les noms glorieux de Sparte et de Mantinée.

TURQUIE. — La Turquie n'apparaît également que pour rappeler le passé. Sauf les mines et les usines de Tocka, qui pourraient être si productives, rien ne témoigne des ressources de la mer Noire et des côtes d'Asie, et ne fait soupçonner l'ancienne splendeur des nombreuses mines de ces pays. — La PERSE est dans la même situation; le travail des cuivres du Khoraçan lui a valu une juste célébrité, et parmi les nombreuses mines de son territoire qui approvisionnaient cette brillante industrie, il convient de citer encore celles de Nourabad et de Koskal, toujours aussi riches.

Je passe sous silence l'Inde, la Chine, l'Orient et l'Afrique. Les échantillons de minerais clair-semés, qu'on aperçoit de loin en loin, ne valent pas la peine d'être mentionnés; ils ne permettent pas de juger l'importance des ressources minérales de ces régions extrêmes.

Pour compléter ces aperçus, nous les ferons suivre de quelques détails statistiques sur la production du cuivre métallique dans le monde entier. Ils sont réunis dans le tableau suivant, qui fera rapidement saisir l'importance de cette branche de l'industrie métallurgique et la part qui revient à chacun des pays producteurs dans ce bilan de la production.

Tableau de la production du cuivre en 1866.

Angleterre.	11,153 tonnes (¹).	
Russie.	5,600 —	
Suède et Norvége	2,850 —	

Allemagne		
Empire d'Autriche.	3,775	
Prusse	3,500	
Saxe	370	8,700 — (²).
Hanovre.	200	
Hesse et Nassau.	355	
Divers.	500	

France	2,500 —	
Belgique.	1,825 — (³).	
Espagne	975 —	
Portugal.	125 —	
Italie, côtes d'Afrique et de la Méditerranée.	850 —	
Turquie d'Europe et d'Asie.	2,000 —	
États-Unis 14,435		
République argentine 1,095		
Nouvelle-Galles 2,000	53,743 —	
Australie 2,250		
Chili et Pérou. 34,357		(⁴).
Japon et Chine 2,700		
Total.	93,415 tonnes.	

(¹) La Grande-Bretagne exporte annuellement de 28 à 30,000 tonnes de cuivre en lingots, mais ce chiffre résulte nécessairement du traitement des minerais importés de l'Amérique du Sud, Chili, Cuba, etc., et des autres pays, et dont le mélange avec les minerais indigènes est indispensable aux réactions de la méthode galloise.

(²) Quelques statistiques évaluent la production de la Prusse et de l'Association allemande de 10 à 11,000 tonnes ; c'est vraisemblablement parce qu'elles comprennent non-seulement la fabrication de toute l'Allemagne, mais encore les importations de la Grande-Bretagne, du Chili et des États-Unis qui se font par Hambourg et Brême.

(³) La fabrication de la France et de la Belgique est basée sur le traitement des minerais riches du Chili, des mattes et l'affinage des cuivres noirs qu'elles reçoivent en partie d'Angleterre. La France retire à peine 100 tonnes de ses minerais. Ses principales usines d'élaboration sont situées dans la Seine, la Seine-Inférieure, l'Eure, le Pas-de-Calais, les Ardennes, la Charente et la Gironde.

(⁴) Dans la production du Chili, de l'Australie et des États-Unis, etc.,

Si on se rapporte à l'année 1846, on constate, d'après les documents statistiques de cette époque, que la production qui s'élevait approximativement à 52,000 tonnes, s'est accrue de 41,415 tonnes, c'est-à-dire qu'elle a presque doublé en vingt ans.

On remarque encore que la Grande-Bretagne, qui fabriquait alors de 28,000 à 30,000 tonnes en moyenne, n'en produit plus que 11,153, tandis que l'Amérique et l'Océanie, qui apparaissaient à peine dans la production générale, y figurent à présent pour plus de 52,000 tonnes, chiffre qui tend à s'accroître tous les jours. Il est permis de conclure de ces données, surtout en présence de l'abondance et de la richesse des gîtes cuprifères du nouveau monde, venant à coïncider avec l'appauvrissement continu des mines du Cornwall, que l'Angleterre ne tardera pas à perdre la prééminence qu'elle avait su conquérir.

Les conséquences de cette situation nouvelle ont amené, comme il était à prévoir, des changements notables dans la valeur commerciale des cuivres. Partout les prix, fixés par le marché anglais, que celui-ci ne peut plus soutenir, ont subi diverses fluctuations et se sont progressivement abaissés. La tonne de cuivre raffiné, qui a valu, en 1846, de 2,500 à 3,500 francs, s'est tenue pendant ces dernières années de 2,430 à 3,940 francs, se règle à présent de 1,950 à 2,100 francs, suivant les qualités, après être tombée à 1,750 francs. Il n'y aurait rien de bien étonnant, eu égard aux développements de la fabrication chilienne, à ce que d'ici à peu de temps la tonne de cuivre ne se payât encore de 1,600 à 1,800 francs.

La portée de ces renseignements serait plus instructive, si, à l'appréciation des circonstances qui ont amené cet état de

---

ne figurent ni les mattes ni les cuivres argentifères, qui donnent lieu à des opérations spéciales ; mais il faut en distraire les exportations de métal en lingots et de cuivre noir en France, en Belgique et dans l'empire germanique, 4 à 5.000 tonnes environ. De sorte qu'en fin de compte, la production totale du globe peut être évaluée à 95,000 tonnes environ, c'est-à-dire bien près du double de ce qu'elle était il y a vingt-cinq ans.

choses, les exposants avaient joint à leurs produits quelques
détails sur les conditions géologiques et industrielles où sont
placées leurs exploitations et des instructions sommaires
sur la nature et l'emploi de leurs procédés. On y aurait
trouvé sans doute l'explication de divers faits intéressants à
connaître, les causes de la supériorité relative de ceux-ci
sur ceux-là, et, en tous cas, la raison des changements qui
viennent d'être relatés. Les hommes du métier savent en
général à quoi s'en tenir et pénètrent assez vite au fond de
ces questions, mais il faut aux simples curieux qui cherchent
à se rendre compte des phénomènes industriels ou qui ai-
ment à connaître les avantages et le côté économique de
certains procédés, des termes de comparaison fortifiés par
des chiffres qui leur permettraient de mieux en apprécier les
mérites et la convenance. Ce système, au demeurant, en
éclairant tout le monde, et tout en assignant aux fabricants
la part qui revient à leur habileté, fixerait la portée des améliorations résultant du choix des méthodes et des matières
et donnerait en même temps la juste mesure de leurs progrès. Il aiderait à faire comprendre, sinon à expliquer, la
raison des motifs qui font préférer dans une localité pourvue
d'éléments similaires un procédé en apparence moins perfectionné, à tel autre, plus ingénieux ou plus savant, mais que
bien souvent on ne pourrait adopter sans s'exposer, en vou-
lant l'appliquer sur un autre point, à des mécomptes fâ-
cheux.

Il est permis cependant de suppléer à l'absence de ces
données par l'appréciation de quelques faits, ou par l'étude
des procédés métallurgiques adoptés dans les centres industriels du continent les plus en vue. En abordant ce sujet,
nous pourrons combler diverses lacunes que nous avons
laissées subsister en parlant des produits de l'Allemagne, de la
Suède, de l'Espagne, etc. Ce sera d'ailleurs une occasion de
mieux préciser les différences qui existent entre la méthode
galloise et la méthode allemande. C'est pourquoi nous croyons
à propos d'entrer maintenant dans quelques détails sur la
diversité de ses applications.

A. — Méthode allemande. — Applications et résultats.

J'ai dit les caractères généraux de la méthode allemande, en usage dans la plupart des usines de l'Europe occidentale, de la monarchie autrichienne et dans les centres miniers de la Russie, etc. ; elle semblerait devoir prédominer en Amérique. Elle repose sur l'emploi du four à manche ou à tuyères de formes et de dimensions extrêmement variables. D'origine très-ancienne, nous en sommes très-vraisemblablement redevables à l'Orient. On la retrouve encore appliquée chez les peuples de l'Inde, en Chine, au Japon, parmi les peuplades de l'Afrique et les régions écartées de l'Asie, avec ses moyens et ses artifices rudimentaires, que nous avons plus ou moins perfectionnés en les recevant de leurs mains.

Prise dans son ensemble, la méthode allemande comprend quatre opérations fondamentales.

1° Fonte précédée d'un grillage à air libre, dans laquelle se produit la matte ou sulfure double, enrichie par la séparation des matières terreuses.

2° Grillage de la matte.

3° Fonte de la matte grillée, suivie, dans certains cas, d'une fonte, dite de *concentration*, passant à un nouveau grillage, et finalement fondue pour cuivre noir.

4° Affinage du cuivre noir.

Mais l'extrême diversité des minerais, leur composition et leur nature changeante, non moins que la diversité des appareils, apportent dans son application des modifications nombreuses qui se traduisent par des nuances très-prononcées dans la conduite du travail et dans la durée des opérations, sans pourtant que le principe de la méthode éprouve une altération sensible. Il n'y a pas lieu de s'arrêter à l'étude de ces diverses circonstances, qui nous entraînerait dans des détails trop longs pour trouver place ici. Je me contenterai de faire observer que ces modifications sont plus apparentes que réelles et subordonnées, en dehors des causes déjà énumérées, à la nature complexe des minerais et au choix des combustibles employés.

Les avantages de la méthode allemande sur la méthode galloise ont déjà été exposés, et je n'aurais plus à y revenir, si je ne croyais devoir insister sur la répétition et la multiplicité des grillages, qui sont un de ses traits saillants, par la façon dont ils s'exécutent et par leurs résultats. Ajoutons que, comparée à la méthode galloise, elle consomme bien moins de combustible, employant indistinctement le coke ou le charbon de bois, le bois même, suivant les conditions d'approvisionnement des usines. D'une application facile et moins dispendieuse, elle permet d'obtenir promptement un personnel exercé. Elle a surtout le grand mérite de réduire, sans les adjoindre à d'autres minerais, des matières pauvres, les plus répandues, et dont la teneur ne dépasse pas, en général, 1 1/2 à 5 pour 100 de cuivre métallique, ce que les usines anglaises, avec leurs moyens habituels, sont dans l'impossibilité de faire utilement. Si celles-ci sont mieux adaptées avec le four à réverbère au traitement des minerais riches, purs ou oxydés, de son côté la méthode allemande avec le four à manche se prête néanmoins aussi avantageusement aux minerais impurs et aux cuivres gris, ainsi que cela ressort du travail des usines de la haute Hongrie, pourvu qu'on sache, à l'égal de ce pays, modifier à propos les lits de fusion par l'adjonction de minerais pyriteux et sulfureux, et qu'on retarde par une seconde et même une troisième fonte la formation du cuivre noir.

Les usines des bords du Rhin, du Nassau, de la Westphalie, du Harz, etc., ont exposé des cuivres rosettes dont on vante avec juste raison la pureté. Ils proviennent des minerais pyriteux et sulfurés, exploités dans ces contrées. Ils sont traités avec des fours à manche de $2^m,10$ à $2^m,30$ de hauteur de la sole au gueulard, et suivant la formule que j'ai résumée au commencement. Je n'ai pas relevé de changements assez notables dans son application habituelle pour être signalés. Il faut nous transporter ailleurs.

Usine de la Briglia. — L'Italie nous met à même, à propos des cuivres exposés par l'usine de la Briglia, à Prato, près de Florence, de parler plus amplement de cette méthode, et d'appeler l'attention sur quelques particularités du traitement pratiqué dans cette usine.

Les minerais appartiennent à la classe des minerais sulfurés : ce sont des *cuivres panachés* (Buntkupfererz) ou *philipsites*, répondant à la formule $FeCu^4Su^3$; ils proviennent de la mine si connue de Monte-Cattini, en Toscane.

Les minerais de choix sont exportés en Angleterre. On ne traite ici que les menus de l'exploitation, composés des cuivres panaché, pyriteux et sulfuré; ils sont mélangés de manière à former un mélange pouvant produire en moyenne 25 pour 100 de cuivre pur.

Four de grillage. — Les menus sont broyés et grillés, par parties égales, avec les schlichs dans un four à réverbère, chauffé au bois; ce four a 5 mètres environ de longueur de l'autel au rempant, sur 4 mètres de largeur, avec deux portes à chaque côté du laboratoire; il est pourvu de deux trémies dans la voûte, dont la hauteur moyenne, au-dessus de la sole et dans l'axe du four, est de 75 centimètres environ. On charge par opération, qui dure dix-huit heures, 4,000 kilogrammes de minerais, en brûlant 1,390 kilogrammes de bois de chêne et de fagots, en ayant soin de retourner fréquemment les matières en élaboration (voir pl. XII, fig. 1, 2, 3, 4, 5).

Four à manche. — La fonte des minerais et pour cuivre noir se fait dans un four à manche et présente une disposition que nous n'avons pas encore vue jusqu'ici. Il est représenté plan de coupes (pl. XII, fig. 6, 7, 8, 9, 10).

La section est quadrangulaire; elle se maintient telle dans les étalages, et rétrécit graduellement de la sole au gueulard, qui se termine par un petit évasement en forme d'entonnoir. Les deux côtés sont verticaux; la warme et la poitrine ont une inclinaison de 80 degrés, depuis la tuyère jusqu'au gueulard. La hauteur de la cuve, de la sole au gueulard, est de $2^m,55$ et de $2^m,20$ du niveau de la tuyère. La section du four, à ce niveau, est de $1^m,20$ de profondeur sur 1 mètre de lar-

geur, et à celui du gueulard de 70 centimètres sur 60 centimètres. Il n'y a pas de creuset intérieur. La poitrine est verticale à partir de la tuyère. La sole, légèrement évidée dans la
brasque qui recouvre la pierre de fond, s'incline de la warme
à la poitrine, et est maintenue par un petit mur où sont per-
cés les deux œils par où s'écoulent les matières pour remplir
alternativement les deux bassins de coulée ou avant-creusets,
pratiqués, de 25 à 30 centimètres du parement de la poitrine,
dans le massif de brasque, construit au pied du fourneau sur
le sol de la fonderie. Ces œils ont encore pour but et permettent de juger l'allure du fourneau.

Le fourneau, massif énorme de 5 mètres de côté à la base,
et de 7 mètres à 8 mètres de hauteur, est construit en grès (?).
La chemise, faite de briques réfractaires, est indépendante,
afin de pouvoir être réparée sans toucher à la masse extérieure, consolidée par des armatures en fer qui n'ont rien de
particulier. La chemise se corrode facilement du côté de la
warme et sur les flancs : comme la poitrine est fermée, les
réparations se font à l'arrière, du côté de la tuyère, en dessous d'une voûte qui soutient la maçonnerie. On fait habituellement une réparation chaque mois; sa durée est de seize
à dix-huit heures, et aussitôt achevée on continue les charges.
Le vent est injecté par une seule tuyère ayant un diamètre
de 5 à 6 centimètres, à la pression moyenne de 5 centimètres,
croyons-nous, et dont le volume n'est pas très-exactement
déterminé.

Avant de faire le premier chargement, on chauffe le four
pendant trente-six à quarante heures avec du charbon de châ-
taignier (environ 1,400 kilogrammes). Seulement, on donne
quelques paniers de scories pour former le nez, ce qui a lieu
assez rapidement; on lui donne avec un ringard, par les
orifices de la tuyère, la forme et les dimensions voulues, en
arrangeant les matières fluides que le vent coagule à son extrémité. Cet appendice est disposé comme un dôme; il a pour
but de protéger d'abord la warme de l'action oxydante, et de
rabaisser l'air sur la sole, et de l'obliger à sortir par l'œil en
même temps qu'il le force à remonter le long des parois la-

térales. Le nez n'est bien formé qu'au bout de douze à quinze heures. Lors de la mise à feu, on chauffe en même temps les bassins de coulée.

Fusion des minerais.—Le lit de fusion se compose de 50 pour 100 de scories des opérations précédentes, et de parties égales de minerai grillé et de scories riches. On consomme à peu près un tiers de charbon de chêne de la masse préparée. Les charges se font par le gueulard, de vingt minutes en vingt minutes, le charbon d'abord et le mélange ensuite, alternativement. Lorsque le four est en bonne marche, on passe par vingt-quatre heures vingt charges, représentant 5,000 kilogrammes de minerai, qui produisent environ 50 pour 100 de *métalline*, ou de mattes, et quelques morceaux de cuivre noir qui garnissent toujours le fond des avant-creusets, et des scories riches. Ces deux produits sont repassés directement dans la fonte pour cuivre noir.

Grillage des mattes. — Les *métallines* sont broyées très-fin au bocard et tamisées : elles passent ensuite au four de grillage à réverbère (pl. XII, fig. 1 à 5), 4,000 kilogrammes par opération. Elles sont grillées à un feu vif pendant trente-six heures, et nécessitent une consommation de 2,775 kilogrammes de bois de chêne et de fascines.

Fonte pour cuivre noir. — Avant de procéder à cette fonte, on chauffe pareillement le fourneau pendant trente-six heures, puis le lit de fusion est passé avec les précautions tracées plus haut. Ce four est représenté planche XII, fig. 12.

Le lit de fusion se compose de *métalline*, de scories riches et de débris de cuivre noir, d'écumes, de crasses et scories de raffinage, en proportions qui se déterminent au fur et à mesure, suivant la marche de l'appareil. La quantité totale passée en vingt-quatre heures s'élève à 8,000 kilogrammes, avec une consommation moyenne de 50 pour 100 de charbon de chêne. On a pour produits : 30 pour 100 de nouvelle *métalline*, 70 pour 100 de cuivre noir. Ces métallines, très-riches (ce sont des mattes fines), sont immédiatement broyées, grillées et ajoutées à l'opération courante.

Raffinage du cuivre noir. — Il s'opère au petit foyer, par la

méthode allemande. Ces foyers (pl. XII, fig. 11 et 13) sont
disposés dans un massif au nombre de trois, pourvus chacun
de leur tuyère sur une même ligne, et distante l'une de l'autre
de 1 mètre environ ; ils ont un diamètre de 70 centimètres
chacun, sauf celui du milieu, plus profond et plus large de
près de 1 mètre. On raffine, dans les petits foyers, 560 kilogrammes de cuivre noir en trois heures, en consommant
40 pour 100 du poids du cuivre chargé. Le cuivre est coulé
en lingots ou enlevé en rondelles qu'on fait assez généralement refondre dans le foyer du milieu.

Un four en bonne allure, desservi seulement par trois ouvriers et un gamin, marche d'une manière continue, sauf la
réparation de la tuyère et des costières, dont nous avons parlé,
de soixante-cinq à soixante et dix jours, et parvient à réduire
pendant ce laps de temps 410,000 kilogrammes de minerai
grillé, dont le rendement a produit 102,500 kilogrammes de
cuivre raffiné.

La méthode suivie à la Briglia sort des errements habituels,
par la disposition spéciale de ses fours à manche, et par le
grillage des minerais et des mattes au four à réverbère, dont
l'emploi ne se justifie ici que par la pureté des minerais.

Il existe en Italie une autre méthode de traitement, fort originale, qu'il est intéressant de mettre en regard du traitement des minerais riches et purs de Monte-Cattini. Il s'agit de
la méthode d'Agordo, qui emprunte ses moyens d'action aux
procédés de la voie sèche combinés à ceux de la voie humide.
Nous allons la décrire.

Méthode d'Agordo. — *Usines d'Agordo.* — Cette méthode,
pratiquée dans la haute Vénétie depuis le quinzième siècle,
est également en usage à Mülbach, en Tyrol, ainsi qu'à Es-
pédal-Nickel, en Norwége. Swedenborg en a donné une description, qui, malgré divers perfectionnements introduits à
la longue, n'a pourtant pas subi de bien grandes modifications. Elle offre des manipulations et des particularités en
général peu connues, à l'aide desquelles peuvent se traiter
utilement des minerais sulfurés ferrugineux très-pauvres,

dont la teneur en cuivre ne dépasse pas 1 1/2 pour 100. Il existe en Italie, en Espagne et même en France, des gisements importants de minerais analogues ou pareils, auxquels pourraient, sans doute, aussi s'adapter avec un égal succès les mêmes procédés, abstraction faite des conditions économiques propres à ces différents pays.

Les établissements d'Agordo sont situés à Agordo même, dans le val Cordovole, limitrophe du val Imperina, tous les deux creusés dans les contre-forts de la vallée de la Piave, où ils viennent déboucher à quelque distance de la ville de Bellune. Les principales exploitations sont ouvertes dans le massif montagneux du val Imperina. Les gîtes métallifères, disposés en amas très-puissants, se rencontrent à la séparation des schistes et des calcaires; ils sont formés de pyrites de fer cuprifère (FeS^2) et de pyrite cuivreuse ($Cu^3S + Fe^2S^3$), plus ou moins mélangées de blende, de plomb, d'antimoine, d'arsenic, etc.

Peu boisée, la contrée fournit cependant le combustible végétal à un prix raisonnable; la main-d'œuvre n'est pas chère et les transports sont peu coûteux. Reliée à de bonnes routes en communication directe avec Bellune et Venise, on trouve un écoulement facile, pour les divers produits de la fabrication, sur ces villes et l'Adriatique.

Je passerai rapidement sur le mode de grillage et l'extraction du soufre, l'une de ses conséquences ([1]), pour appeler plus particulièrement l'attention sur les procédés métallurgiques.

Le traitement des minerais est basé sur un ensemble de réactions dont je vais tâcher de faire saisir le principe et les caractères saillants. On a dit quelle était la composition des minerais. La mine en fournit trois sortes : la plus riche, la pyrite cuivreuse, est envoyée directement à la fonte crue;

---

[1] On peut consulter à ce sujet la description des fours de grillage et de la fabrication du soufre dans le *Traité de Métallurgie* de Percy, t. V, p. 353 et suivantes.

le reste subit un grillage préalable, qui forme la partie originale du traitement.

« Comme à l'ordinaire, le grillage n'a pas seulement pour but de chasser une partie du soufre, mais aussi de concentrer le cuivre dans un volume moindre de matières ; pour atteindre ce résultat, l'opération doit être conduite avec une extrême lenteur. Le départ d'une partie du soufre s'opère progressivement, et à mesure que son appauvrissement se propage dans la masse, le cuivre se concentre à l'intérieur et en raison de son affinité pour celui-ci, par une action moléculaire analogue aux transports électro-chimiques ou à la cémentation de l'acier. On obtient des morceaux dont le centre est formé par un noyau ou *tazzone* dont la teneur en cuivre est devenue plus grande et qui se trouve entouré d'une enveloppe terreuse sensiblement appauvrie. Ces matières subissent un cassage et un triage à la main. Les noyaux sont envoyés à la fonte crue et la terre est traitée par la voie humide. Une partie du soufre, grâce à la lenteur du grillage, peut se dégager sans oxydation, être recueillie et ensuite purifiée, pour passer à l'état marchand. »

Les terres sont lessivées afin d'en retirer les parties salines et le résidu rejeté. Les eaux sont chargées de sulfates de fer et de cuivre ; on les laisse reposer, on les décante dans des chaudières où elles sont alors chauffées jusqu'à saturation. La dissolution s'étant enrichie, on précipite le cuivre par le fer et l'on obtient un cuivre de cémentation en pâte très-fine que l'on fait dessécher et une eau saturée de sulfate de fer qui est abandonnée à elle-même pour que le sel se cristallise. Le cément passe à la fonte et les sels du fer ou vitriol de fer sont livrés au commerce.

La première période du traitement emprunte donc ses moyens à la voie humide ; la seconde repose simplement sur les procédés de la voie sèche, c'est-à-dire sur la fusion des matières obtenues, dans des fourneaux appropriés.

« Ce traitement, moins compliqué, comprend seulement une fonte crue, un grillage des mattes, une fonte pour cuivre noir et l'affinage. La fonte crue s'opère avec la pyrite riche, les noyaux résultant du grillage, le cuivre de cémentation, les crasses et les fumées des opérations ultérieures, en y ajoutant des scories riches et un fondant terreux. Le métal s'y concentre dans une matte qui est grillée à plusieurs feux et qui est ensuite livrée à la fonte pour cuivre noir, avec addition des mattes riches de cette opération qui sont encore grillées, des fondants et autres produits accessoires. Le cuivre noir est enfin affiné par la méthode allemande. »

Telles sont les opérations successives dont les traits essentiels vont être exposés ; elles sont solidaires et leur enchaînement constitue tout l'ensemble de la méthode.

Arrêtons-nous quelques instants sur le grillage, point de départ et base des opérations subséquentes, et résumons brièvement sa théorie et ses conséquences. J'aurai recours pour compléter les détails qui me sont échappés depuis ma visite aux établissements d'Agordo, qui remonte déjà à plusieurs années, à un mémoire rédigé postérieurement par M Hatton, ingénieur au corps des mines (¹), et dans lequel sont mentionnés divers perfectionnements intéressants.

Cette manipulation, fort simple en principe et en pratique, modifie considérablement la composition du minerai. Et d'abord, la majeure partie du soufre est oxydée partiellement et se dégage à l'état d'acide sulfureux, tandis qu'une autre portion se réduit en vapeur qui se condense pour être recueillie. Une autre partie se combine directement aux métaux dans l'intérieur du noyau ; enfin, une dernière partie reste dans l'enveloppe terreuse, combinée aux oxydes de fer et de cuivre. Les autres corps subissent de leur côté des modifications non moins importantes : l'arsenic, à la faveur d'une température lente, est expulsé partie à l'état gazeux et partie condensé à la surface des tas. Le fer reste combiné, d'une part, au soufre dans l'intérieur des noyaux, et s'oxyde d'autre part. « Une portion amenée seulement à l'état de protoxyde s'unit à l'état d'acide sulfurique ; la plus grande

---

(¹) *Annales des Mines*, 5ᵉ série, t. **VII**.

est changée en peroxyde et fixe même probablement une partie certaine quantité de cet acide à l'état de sous-sel. »

Les changements qui se traduisent à l'égard du cuivre ne sont ni moins importants ni moins curieux. Une partie se réunit dans l'enveloppe à l'état de sulfate et de sulfure, et le surplus passe à l'intérieur du noyau à l'état de sulfure riche. Le noyau formé correspond suivant les nuances nettement tranchées, disposées la plupart du temps en enveloppes concratiques, à des degrés de richesse différents, diminuant du centre à la circonférence avec l'intensité des couleurs. On considère que les noyaux remplissant les meilleures conditions doivent présenter une couleur bleu foncé avec un léger reflet violacé, analogue à celui de l'acier qui vient d'être trempé.

La minerai éprouve au grillage une perte de 30 pour 100, résultant de la différence entre le soufre chassé et l'oxygène fixé. Sous le rapport de la composition chimique, les noyaux se rangent au-dessous des monosulfures.

Passant sur les méthodes de grillage en meules ou par le four styrien, appliqué en dernier lieu, ainsi que sur les détails de la fabrication et du raffinage du soufre, récolté à l'aide de cette opération, je résumerai la série des manipulations assez compliquées propres aux terres enlevées aux *tazzoni* pour en retirer les sulfates métalliques.

« Les terres subissent trois digestions qui forment une première lixiviation : ces deux dernières sont faites avec de l'eau pure et donnent des liqueurs qui sont mélangées et servent pour la première opération. Celle-ci se pratique sur la terre neuve qui subit successivement les deux autres. L'eau (*aquâ saturata*) qui en résulte passe alors à la cémentation. A la suite de cette première lixiviation, la terre appauvrie est grillée de nouveau, et forme la base et la couverte des meules. La terre passe par une seconde lixiviation identique à la première, puis une nouvelle série de digestions qui constituent le lavage (*lavatura*). Elle comprend quatre périodes que traverse la terre pauvre. Celle-ci finit par être lavée à l'eau pure qui remonte dans cette série pour former l'eau pauvre (*acqua povera*). Après cette longue suite d'opérations, la terre n'est pas rejetée définitivement ; elle subit un grillage sur une grille qui a 15 millimètres de vide. Le menu, considéré dès lors comme stérile, est abandonné : les gros morceaux retournent au grillage et subissent de nouveau le traitement à partir de la seconde lixiviation. »

La teneur moyenne des terres neuves est 0,7 pour 100. L'eau des lixiviations est amenée à 38°,58 Baumé ; l'eau pauvre arrive à 13°,2, et le mélange soumis à la cémentation à 26°,75.

Toutes les manipulations s'effectuent dans des caisses carrées en planches, de 3ᵐ,50 sur 1ᵐ,30 de profondeur, dans lesquelles on charge, en moyenne, 13 kilogrammes de terre sèche traitée avec les deux tiers du poids d'eau. La digestion dure vingt-quatre heures. On extrait, à l'aide de pompes, l'eau qu'on fait couler par des canaux en bois à la caisse suivante, et successivement de l'une à l'autre, d'où elle est amenée pour se clarifier dans des réservoirs. Avant de passer à la cémentation, on estime que la manipulation d'une tonne de terre vierge emploie 1 1/3 journée de main-d'œuvre.

Le cuivre est précipité des eaux chargées de sulfate de cuivre, suivant le procédé ordinaire, par du fer, ou de la fonte, qui est plus économique. C'est celui qu'on emploie aussi ailleurs, soit à Rio-Tinto, en Espagne, soit à Stadberg, en Westphalie, ou à Saint-Bel, en France, etc., pour recueillir le cuivre de cémentation. Il n'y a donc pas à insister sur cette manipulation suffisamment connue, ni sur l'application de la chaleur à la saturation des eaux, par des moyens analogues à ceux du procédé Bankart, exploité depuis plusieurs années déjà en Angleterre [1]. Il convient, toutefois, de placer ici les résultats numériques qui dérivent de ce travail, en indiquant la nature des produits obtenus.

---

[1] *Traité de Métallurgie* de Percy, t. V, p. 364.

D'après l'ancien procédé ou le nouveau, on traite respectivement :

Eau saturée.	$15^{m3},815$	$12^{m3},305$
Eau pauvre.	3 ,252	2 ,581
	$19^{m3},007$	$14^{m3},886$

donnant les produits suivants :

Les *grassure*. — Cuivre à 58,9 %.	$260^{k},00$	$285^{k},85$
Les *brunini*. — Cuivre à 10 %. . .	56 ,30	87 ,20
Cuivre pur.	159 ,04	182 ,09
Fer équivalent. . .	136 ,25	155 ,95

Chaque opération, en dehors de la fonte, dont la quantité
s'élève ici à 402 kilogrammes et là 385 kilogrammes, exige
les consommations suivantes :

Bois.	$6^{m3},154$	où par mètre cube d'eau à traiter	$2^{m3},471$
Charbon de bois.	0 ,846	ou — —	1 ,960
Tourbe	0 ,644		1 ,492
		Main-d'œuvre	0 j. 247

Lorsque les *brunini* sont déposées dans les caisses, on fait
écouler l'eau vitriolique pour l'envoyer à la cristallisation ;
ils sont lavés et décantés plusieurs fois, puis séchés et envoyés à la fonte crue. Les *grassure* sont lavés sur un crible
fin.

On opère la cristallisation des sels de fer retenus dans les
eaux des divers lavages, par évaporation naturelle, en les
abandonnant dans des caisses en charpente de 7 et 12 mètres carrés de surface, sur 40 à 50 centimètres de profondeur, placées dans des ateliers couverts mais bien aérés. On
fait plonger dans ces caisses des branchages suspendus à des
poutres, auxquels viennent s'attacher les cristaux qui ne tar-
dent pas à se produire. Une fois que l'eau est arrivée à
26 degrés Baumé elle est rejetée, et l'on retire les cristaux
formés ; ils sont lavés à grande eau sur une aire inclinée et
classés suivant la position qu'ils occupent, soit au fond, soit
sur les parois des caisses, ou qu'ils proviennent des branchages ; ils sont ensuite séchés et emballés. Les cristaux dé-

tachés des parois sont les plus purs et les plus estimés.
1 mètre cube d'eau passé à la cémentation produit d'ordinaire 51^k,60. Les sulfates de fer ou vitriols vert d'Agordo
renferment du zinc ; en voici la composition :

Sulfate de fer	49,73
— de zinc.	4,55
Peroxyde de fer hydraté .	3,20
Eau	42,52
	100,00

Le vitriol de fer est un produit secondaire, d'une valeur
notable, mais d'un écoulement difficile ; il doit être d'un
beau vert sans rouille. La production annuelle s'élève à
58 858 quintaux (le quintal est de 50 kilogrammes).

Le soufre affiné, d'un beau jaune citron, est converti
en canons ; il est très-pur. On en fabrique annuellement
2 962 quintaux.

Examinons maintenant le traitement métallurgique. Il
comprend la fonte crue des minerais, le grillage des matières, la fonte pour cuivre noir et l'affinage du cuivre.

La fonte crue se pratique à Agordo, dans deux espèces
d'appareils qui demandent à être examinés séparément. Ce
sont des demi-hauts fourneaux et des hauts fourneaux de
formes particulières, dont nous empruntons encore les des-
sins et la description au Mémoire, déjà mis à contribution,
de M. Hatton. Ils sont construits en schiste talqueux suffisamment réfractaire.

Les hauts fourneaux sont représentés par les coupes verticales des figures 1 et 2 ci-dessous.

On remarquera la forme bizarre de ce type. La warme
présente toujours une inclinaison de 78 degrés dans les étalages, de 74 degrés dans la cuve. La poitrine suit la même
inclinaison dans la partie inférieure, et penche encore davantage au-dessus. La section est quadrangulaire ; constante
dans les étalages, elle se rétrécit (fig. 2) jusqu'au gueulard.
A ce point, une espèce d'entonnoir, en maçonnerie, dans lequel on lance les charges, règne au-dessus de l'étranglement ;

les gaz s'échappent par un rampant aboutissant à une cheminée qui sert à deux fourneaux accostés. Sur un massif,
pourvu de conduits ménagés pour aider à la dessiccation, et
convenablement garni de scories, s'élèvent la chemise et les
parois du fourneau, au bas duquel on dispose la pierre de
fond, appuyée sur une couche de brique inclinée à 30 degrés.
A l'avant du four règne une autre masse de brasque formée
de grès rouge pilé, de talc et d'un peu de menu charbon, et

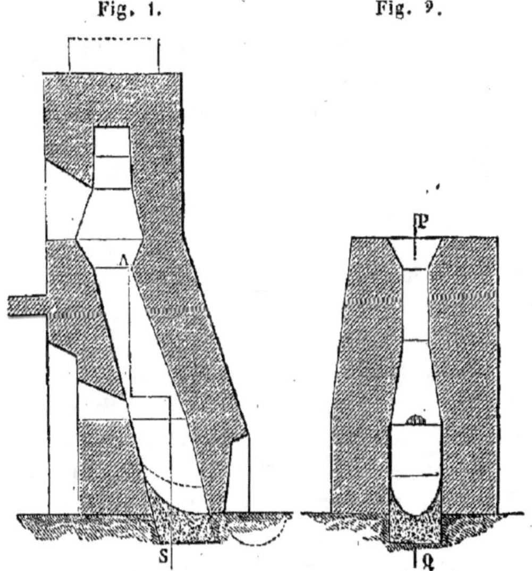

Échelle de 0ᵐ,008 p. mètre.

dans laquelle sont évidés deux bassins hémisphériques pour
les coulées.

Le vent est fourni ou par des trompes ou par une machine
soufflante composée de cylindres à double effet, de 1ᵐ,18 de
diamètre et 1ᵐ,24 de course, activés par une roue en dessus
de la force de vingt-cinq chevaux effectifs. Les pistons débi-
tent 64 mètres cubes d'air par minute; le vent des trompes
est, en général, plus régulier. Ces appareils sont construits

d'après les principes suivis dans les forges catalanes. Le vent des différentes caisses sort par des tuyaux qui se réunissent en un seul, conduisant l'air à la tuyère de chacun des fourneaux.

Chaque fourneau n'a qu'une tuyère, les buses sont en bois avec un bout en cuivre rouge. L'orifice a la forme d'un rectangle, dont la base est double de la hauteur, et le diamètre de 6 centimètres. L'axe de la tuyère est incliné de 25 degrés, et rencontre la poitrine au milieu de sa hauteur. Le tuyau vertical, qui amène le vent, est percé à la partie inférieure d'un trou fermé par un tampon de bois, qu'on enlève lorsqu'il faut subitement l'amoindrir ou le supprimer. La pression est, en moyenne, de 1 centimètre de mercure.

La forme singulière de ces fourneaux a sa raison d'être ; l'idée qui a présidé à leur construction se justifie par des considérations que nous croyons utiles de transcrire en entier.

« Il est important, en effet, dit M. Hatton, d'augmenter la « durée du séjour du minerai dans le fourneau, afin de gra- « duer l'impression de la chaleur, tant pour volatiliser le « soufre que pour préparer les matières à la réaction qui a « lieu devant la tuyère. Il faut en même temps éviter d'avoir « à ce point une trop grande vitesse, qui abrégerait trop la « durée des influences de la température et du vent. Or la « descente d'une masse de minerai en morceaux peut être « considérée comme un cas intermédiaire entre ceux d'un « corps solide ou d'une masse liquide. Pour ces deux der- « niers, la loi du mouvement est la même, et la vitesse à la « base ne dépend que de la hauteur... D'après cela, pour « augmenter le temps de la descente, on doit donc incliner « le fourneau, afin d'allonger le trajet. Il faut remarquer en « outre que l'influence du frottement vient en aide au but « qu'on se propose et que par cette disposition on utilise « mieux l'effet du combustible. De plus, il s'ensuit que la « durée de l'ascension des gaz, augmentée comme celle de « la descente des charges, l'est encore par l'influence du « frottement sur la paroi supérieure, qui force le courant à se « rabattre pour gagner l'ouverture du gueulard. Le gaz reste

« donc plus longtemps au contact du minerai et peut mieux
« se dépouiller de la température qu'il a acquise. »

Quel que soit le mérite de ces considérations théoriques,
il est certain que lorsqu'on a voulu modifier la hauteur et l'inclinaison des fourneaux on n'a pu arriver à une marche satisfaisante, et qu'il a fallu y renoncer.

Les fourneaux pour la fonte crue ont d'autres dispositions,
reproduites par les figures ci-dessous.

Fig. 3. Coupe verticale suivant V. X.   Fig. 4. Coupe horizontale suivant T. U.

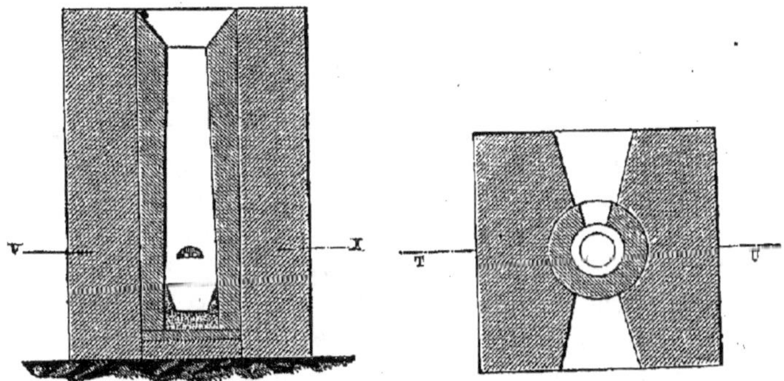

Échelle 0^m,008 p. mètre.   Échelle 0^m,008 par mètre.

La cuve, haute de 8^m,60, présente partout une section circulaire ayant un diamètre de 1 mètre au bas et de 80 centimètres en haut; elle se termine au gueulard par un entonnoir très-évasé, et à la sole par un creuset rétréci. Deux
tuyères parallèles sont placées à côté l'une de l'autre, ho-
rizontalement à l'arrière, à 1^m,15 au-dessus du fond du
creuset. Ces buses sont en tôle ayant un orifice circulaire
de 87 millimètres de diamètre. Le vent est fourni par une
machine soufflante, à la pression de 8 à 9 centimètres de mercure. On règle son admission et sa vitesse par un cône plein,
qu'on manœuvre dans le cône vide au moyen d'une tige
filetée qu'on serre ou que l'on desserre à volonté pour faire
varier la section d'écoulement.

La sole du fourneau et les bassins extérieurs avec leurs trous de coulée pratiqués dans le massif qui s'élève au pied de la poitrine sont construits en brasque, pilonnée en couches successives, avec toute l'attention apportée ailleurs dans la construction de ces appendices. Il n'y a pas lieu d'insister sur ces détails connus, pas plus que sur la mise à feu, la conduite des premières charges, les soins à donner pour l'établissement du nez, rectifier sa forme et lui assurer la stabilité nécessaire, toutes circonstances qui se reproduisent, ici comme partout, sans modifications sensibles aux errements habituels.

Mieux vaut appeler l'attention sur le travail normal et la composition des lits de fusion en fonte crue.

La fonte crue s'opère dans les demi et dans les hauts-fourneaux, avec de la pyrite riche, partie telle que la fournit l'extraction et partie préalablement triée ; des noyaux, des dépôts de cémentation, des crasses, des fumées de la fonte même ou provenant des opérations postérieures. On emploie comme fondant du grès rouge concassé et des scories riches du travail. On brûle du charbon de bois de sapin.

Les lits de fusion destinés aux demi-hauts fourneaux sont préparés sur une plate-forme disposée derrière les gueulards ; chaque lit pèse environ 11 450 kilogrammes de matières à la teneur moyenne de 7,38 pour 100 de cuivre, réparties dans les proportions suivantes, en centièmes :

Noyaux riches.	46,03	pour 100.
— pauvres.	5,87	—
Pyrite riche.	11,43	—
Grassure.	5,20	—
Brunini.	1,17	—
Crasses de fonte crue.	1,87	—
— de cuivre noir.	0,47	—
— d'affinage.	1,84	—
Fusions de fonte crue.	0,26	—
— de cuivre noir.	0,15	—
Scories.	12,32	—
Grès rouge.	13,34	—
	100,00	pour 100.

exigeant une consommation de 226 litres de charbon, indépendamment de celui employé pour la mise en feu et la fabrication des brasques, ce qui donne par rapport, au quintal de lit de fusion (50 kilogrammes), une augmentation de 1 : 1,22. Par quintal de cuivre contenu, on brûle 1 539 litres de charbon, et par quintal de lit de fusion, 114 litres.

Le lit de fusion est passé en vingt-quatre heures, par charges se succédant toutes les vingt-cinq minutes, lancées dans le four dans l'ordre suivant : charbon, scories, noyaux, grassure et brunini, pyrite riche, crasses, fumées et grès rouge. Le four est desservi par douze ouvriers divisés en trois postes de huit heures chacun. On recueille :

$$3\ 116^{\text{k}},50 \quad \text{de mattes} \quad \text{à } 23,15 \text{ pour } 100 \text{ de cuivre.}$$
$$191\ ,00 \quad \text{de crasses} \quad \text{à } 10,00 \qquad —$$
$$28\ ,00 \quad \text{de fumées} \quad \text{à } 15,00 \qquad —$$
$$\text{Et des scories.}$$

La perte en métal sur la teneur des matières est d'environ 4,25 pour 100.

Dans les hauts fourneaux on passe, en vingt-quatre heures, des lits de fusion composés des mêmes éléments et dont les proportions sont très-peu différentes. Les matières réunies pèsent 16 325 kilogrammes, contenant 1 247^{k},50 de cuivre, à la teneur de 9,62 pour 100.

Les charges se font toutes les dix minutes. On consomme pour la mise à feu 5 700 litres de charbon, et pour la fabrication des brasques 7 700 litres. On brûle par quintal de lit de fusion 57 litres, et 1 275^{lit},75 par quintal de cuivre.

Le four est desservi par un même personnel également divisé en trois postes.

On a pour produits :

$$4\ 956^{\text{k}},00 \quad \text{de mattes} \quad \text{à } 23,98 \text{ pour } 100 \text{ de cuivre.}$$
$$131\ ,50 \quad \text{de crasses} \quad \text{à } 10,00 \qquad —$$
$$26\ ,35 \quad \text{de fumées} \quad \text{à } 17,00 \qquad —$$
$$\text{Et des scories.}$$

D'où résulte un rendement total de 1 202 kilogrammes de

cuivre, au lieu de 1 247ᵏ,50 contenu dans le lit de fusion, et partant une perte de 3,66 pour 100.

La théorie de cette opération n'est pas difficile à expliquer.

On estime que les matières mettent à parcourir le trajet du gueulard à la tuyère près de trois heures et demie ; elles sont pénétrées par le gaz que les ailes du nez obligent à remonter le long des parois ; ceux-ci sont suffisamment chauds pour expulser l'humidité, une partie du soufre, ramollir les éléments fusibles et les préparer enfin aux réactions qui se manifestent dans la zone oxydante et réductive située à la hauteur de l'œil. Le cuivre, le fer, etc., s'unissent au soufre et donnent naissance à une matte formée de cuivre, de fer et de soufre, tandis que la silice du grès dissout l'excédant de fer et fait passer les corps terreux à l'état de scories qui s'appauvrissent en passant sur la brasque par son action réductrice et en cédant au cuivre, de préférence au fer, le soufre contenu dans la matte. Ces deux produits s'écoulent dans les bassins et s'y séparent suivant l'ordre de leur densité, surmontées par les crasses ou matières imparfaitement fondues qui sont renvoyées au fourneau. On recueille en outre des parcelles de cuivre entassées avec les poussiers et les fumées dans la cheminée, pour les incorporer avec les crasses au lit de fusion.

Les avant-creusets se remplissent alternativement, mais au lieu d'enlever, après l'écumage des scories, la matte en rondelles, comme cela se pratique habituellement ailleurs, on perce le trou de coulée ménagé dans la brasque et la matte se répand sur le sol de l'usine, où on la divise avec des râbles en bois. Cette méthode a pour but de restreindre la durée de l'opération et de rendre la matte poreuse, plus légère et partant plus facile à griller.

La diversité des éléments des lits de fusion complique le travail, sujet à de grandes irrégularités, et nécessite de la part du fondeur une extrême vigilance et beaucoup d'habileté, pour éviter les engorgements et les dérangements qui tendent à se produire assez fréquemment dans l'allure du fourneau. Ici aussi l'aspect de la scorie, celui du nez qu'il observe

par la tuyère lui fournissent des indications utiles pour parer
à ces inconvénients. Une scorie trop fluide dénote un excès
de température qui détruirait le nez, il faut alors restreindre
la quantité de charbon ; trop pâteuse, coulant mal, on force
le combustible et le fondant. Une bonne scorie, à surface
lisse et mamelonnée, dont la masse est bien fondue, la
cassure un peu caverneuse, remplit les meilleures conditions. Lorsque ces caractères manquent, on doit la re-
passer au fourneau, amoindrir la partie riche des lits de
fusion, afin de ne pas entraîner de cuivre et rendre l'allure
moins chaude.

L'œil de la tuyère doit toujours être petit et très-brillant ;
dès l'instant qu'il s'obscurcit, il risque de se boucher, on
doit forcer le charbon et diminuer la charge. Mais si l'œil
s'élargit, que le nez commence à se brûler, il est urgent de
restreindre les charges et d'augmenter le fondant. Le déran-
gement venant à persister, tout se fond et l'on est obligé de
ne plus charger que des scories et de rétablir le nez comme
au début de la campagne.

Les engorgements ont surtout lieu au commencement des
campagnes : les matières se figent devant les trous de coulée
ou sur l'une des parois du fourneau, de façon que la descente
ne s'opère plus que d'un côté. Dans le premier, on démolit la
poitrine et l'on enlève l'obstacle ; dans le second, on cherche
à rétablir l'équilibre en portant la masse de la charge sur le
côté libre ; ou bien encore le lit de fusion, trop fusible, se ra-
mollit trop tôt et s'arrête trop haut aux parois pour que la
chaleur puisse le fondre entièrement : alors il faut se hâter
de détacher les matières figées à coups de ringard par le
gueulard, car la descente des matières se trouverait inter-
rompue, et la chaleur se portant sur le nez, qui serait bientôt
fondu, le four serait arrêté.

On conçoit, d'après cela, que les parois du fourneau se cor-
rodent rapidement ; il perd bientôt sa forme, la brasque se
détruit, les scories s'épaississent, et il faut mettre hors feu.
Aussi les campagnes ne durent-elles pas plus de dix-neuf à
vingt et un jours.

Dès que ces désordres deviennent latents, on supprime le vent, on jette bas la poitrine et l'on se hâte de détacher, pendant qu'ils sont encore chauds, les dépôts ferreux et les parties scorifiées. On enlève les parties ravagées de la chemise, qu'on répare, si le massif est encore assez résistant, sinon on culbute entièrement le four pour le remettre à neuf.

Les mattes crües doivent subir, avant de passer à la fonte de concentration, une série de grillages qui se pratiquent dans des appareils et d'une façon analogue à ce qui se passe dans la plupart des usines allemandes. Nous ne nous arrêterons pas à cette opération, qui a pour but, on le sait, d'expulser le soufre et d'oxyder une grande partie du fer et des autres métaux. Celui-ci se scorifie dans la fonte suivante avec les autres éléments dont il faut débarrasser le cuivre. La matte de concentration doit pareillement passer par une même série de grillages avant d'être utilisée. Elles sont, comme les premières, traitées de la même façon.

Les mattes sont grillées à cinq feux en stalles accolées de 3ᵐ,60 sur 2ᵐ,60, sur deux rangées parallèles et abritées sous un hangar. Les tas, de 1 mètre de hauteur et contenant chacun 8 à 10 tonnes, sont stratifiés avec du bois de quartier, des branchages et de la tourbe. On allume et l'on dirige le feu avec les précautions ordinaires pour répartir uniformément la chaleur, et, au bout de deux jours, pour chaque feu, l'opération est terminée.

Cette manipulation, faite à la tâche, entraîne les consommations suivantes par tonne de matières :

	Mattes crues.	Mattes concentrées.
Main-d'œuvre. . .	4 journées 25.	4 journées 25.
Charbons.	425 litres.	566 litres.
Bois.	553 kil.	601 kil.
Tourbes.	94 kil.	» kil.

La teneur des mattes varie peu.

Mentionnons en passant une fabrication de vitriol bleu

qui se faisait encore ces derniers temps et que la difficulté
d'écouler ce produit a fait abandonner. On retirait le sulfate
de cuivre des premières mattes après grillage par une lixiviation répétée quatre fois dans des conditions de température et de saturation particulière à chaque période de digestion.

Fonte pour cuivre noir. — Les mattes de la fonte de
concentration, grillées, sont fondues pour cuivre noir dans
des hauts fourneaux et des demi-hauts fourneaux.

Les premiers sont pareils à ceux pour la fonte crue
(voir p. 55, fig. 1 et 2); ils ont l'inconvénient, comme ceux
des usines à fer, de réduire le feu et de donner un cuivre
noir très-impur; ils sont trop élevés pour ce travail.

Les seconds, représentés ci-contre par les figures 5, 6
et 7, sont très-bas et se rapprochent du profil des anciens
appareils (voir p. 55). La chemise et la brasque, le creuset
et les bassins de réception, le trou de coulée sont construits
de la même manière. Comme dans ceux-ci, la warme et la
poitrine sont encore très-inclinées de l'arrière à l'avant. Le
foyer et le chio, formés de trois parties, sont verticaux, sauf
au milieu, où ils sont déversés en dedans. Le vent est lancé
par une seule tuyère, inclinée à 18 degrés et à la pression de
6 centimètres de mercure. La mise à feu et la conduite de
l'opération se comportent de la même manière qu'avec les
fourneaux marchant en fonte crue.

Les lits de fusion sont composés de mattes grillées de la
fonte crue et de l'opération elle-même, de fumées d'affinage,
de débris provenant des rosettes, de scories sèches et de grès
rouge, répartis dans la proportion suivante :

Première matte grillée.	53,10	pour 100.
Matte mince.	12,76	—
Fumées	4,64	—
Débris de rosette.	1,09	—
Scories riches	14,54	—
Grès rouge.	13,87	—
	100,00	pour 100.

On fait trois charges par heure, en brûlant environ 142 litres de charbon par quintal du lit de fusion ; l'on passe en vingt-quatre heures 9155 kilogrammes de lits de fusion contenant à l'analyse 1967 kilogrammes de cuivre. On con-

Fig. 5. Coupe verticale suivant M.N.   Fig. 6. Coupe suivant K. L.

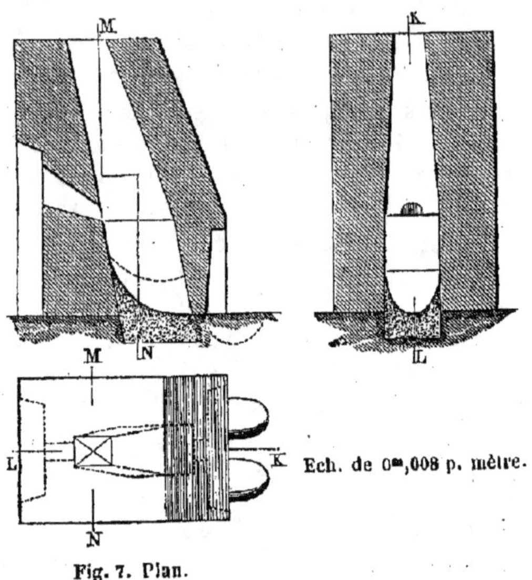

Ech. de 0m,008 p. mètre.

Fig. 7. Plan.

somme, de plus, pour la mise en feu et la fabrication de la brasque 1,93 pour 100 de charbon.

Les réactions de cette fonte diffèrent peu de celles de la fonte crue ; seulement il n'y a pas assez de soufre pour que tout le cuivre passe à l'état de sulfure. Une partie se convertit en cuivre noir, riche de 93 à 94 pour 100, et le surplus en matte mince ou riche, composée de :

Cuivre.	60,74
Fer	8,90
Soufre.	30,36
	100,00

quelque peu de cuivre passe encore dans les crasses et les fumées qui retournent à la fonte crue.

Le four emploie six ouvriers qui se relèvent par postes de six heures; d'où il suit que la manipulation d'une tonne de lit de fusion exige environ 0ʲ,70. — Les campagnes durent, en moyenne, dix jours.

On recueille par roulement de vingt-quatre heures :

Cuivre noir . .	1 186ᵏ,50	à la teneur de	93,84	pour 100.
Matte mince . .	1 153 ,10	—	60,43	—
Crasses	157 ,78	—	17,58	—
Fumées	18 ,15	—	10,00	—

et des scories pauvres qui sont rejetées; elles contiennent pourtant encore environ 2 pour 100.

Les matières coulent sans interruption et remplissent à tour de rôle les bassins extérieurs, en se déposant dans l'ordre accoutumé. Il n'y a pas de faits nouveaux à signaler ; on a les mêmes soins à observer dans la conduite du travail pour parer aux accidents qui peuvent survenir. On doit simplement faire remarquer que la matte solidifiée, noire, présente une quantité de fibres métalliques ayant l'éclat du cuivre et que l'indice d'une bonne allure se révèle lorsque le bain de cuivre noir donne des reflets bleuâtres.

L'affinage du cuivre se fait par la méthode allemande dans deux foyers pareils accolés, dans le même massif. Une seule tuyère de 4 centimètres de diamètre donne le vent à la pression de 4 à 5 centimètres de mercure.

La consommation et la production sont, en vingt-quatre heures :

Cuivre noir. . .	2 467 kilogrammes.
Cuivre rosette .	1 788 —

soit un rendement de 72 pour 100 de cuivre pur.

Dans chaque opération, on fond, d'après M. Hatton, 416ᵏ,25 de cuivre noir à la teneur de 93 pour 100, et l'on retire :

Cuivre rosette . .	301 à 302ᵏ,00			
Crasses	118 ,45	riches de 30 pour 100.		
Fumées	19 ,30	—	64	—
Dépôts de cuves .	39 ,20	—	64	—

La rosette obtenue, 302 kilogrammes, et le cuivre resté dans les crasses, etc., s'élevant à 77^k,75, donnent un total de 379^k,75. Il suit de là que sur les 390^k,75 de cuivre contenu dans le cuivre noir, on subit une différence de 11,29, c'est-à-dire une perte proportionnelle de 2,89 pour 100.

On consomme, par opération, 1st,62 de charbon de sapin, ou par quintal de cuivre noir 38^{lit},97 et par quintal de cuivre rosette, 53^{lit},77.

Le raffinage de cuivre affiné exige, par quintal, 25^{lit},60 — plus 0^j,021 de main-d'œuvre.

Pour compléter ces détails, il convient de considérer la quantité de matière nécessaire à la production de 100 kilogrammes de cuivre rosette; pour cela, nous la suivrons dans toutes les parties de la fabrication, de manière à faire ressortir la proportion des consommations et des produits secondaires résultant de l'ensemble du travail. Nous les transcrirons d'après le mémoire que nous avons invoqué en commençant; ils ont cet avantage d'avoir été relevés sur la comptabilité même des usines, et de faire suivre le traitement métallurgique dans ses conditions habituelles.

1° *Mine.*

Pyrite riche. .   233^k,90 à la teneur de 6,05 pour 100.
— bonne .   2 885 ,00   —   2,46   —
— pauvre .   3 682 ,00   —   0,63   —
Renfermant ensemble 107^k,77 de cuivre

2° *Grillage.*

Noyaux bons. . . . .   884^k,45
— pauvres . . .   111 ,60
Terre neuve . . . . .   3 691 ,00

3° *Lixiviation.*

Eau saturée . . . . .   41^{m3},230
— pauvre. . . . . .   9 ,095

4° *Cémentation.*

Grassure. . . . . . .   106^k,30
Brunini . . . .   24 ,29

5° *Fonte crue.*

Matte crue.	558^k,67
Crasses.	36 ,23
Fumées	5 ,15
Scories repassées. . .	252 ,00

6° *Fonte pour cuivre noir.*

Matte riche	134^k,01
Cuivre noir.	137 ,95
Crasses	13 ,98
Fumées	2 ,54
Scories repassées. . .	152 ,90

7° *Affinage.*

Cuivre rosette	100^k,00
Crasses.	43 ,35
Fumées	5 ,66
Dépôts de la cuve. . .	11 ,43

A ces matières cuivreuses correspondent :

Soufre brut.	22^k,59
— marchand.	18 ,92
Vitriol vert.	321 ,90
Grès rouge, fonte commune. . . .	273 ,00
— fonte pour cuivre noir.	146 ,00

Motivant les consommations suivantes :

Charbon de bois.

Cémentation.	0st,29
Fonte crue, mise à feu.	0 ,64
— en roulement normal.	2 ,32
Grillage des mattes.	0 ,39
Fonte pour cuivre noir, mise à feu.	0 ,33
— roul. normal	1 ,51
Affinage	0 ,54
	6st,02

Bois.

Grillage.	0st,18
Cémentation.	0 ,37
Grillage des mattes.	0 ,41
	0st,96

Tourbe.

Cémentation.	0^{t},22
Grillage des mattes.	0 ,02
	0^{t},24

Fonte.

Pour la cémentation.	160^{k},90

Et les dépenses ci-dessous en :

Main-d'œuvre.

Grillage du minerais. . . .	0	journ.	10
Travail du soufre.	0	—	21
Cassage et triage.	15	—	36
Lixiviation.	4	—	95
Cémentation.	1	—	26
Fonte crue.	4	—	16
Grillage des mattes.	2	—	36
Fonte pour cuivre noir. . .	0	—	66
Affinage.	0	—	48
	19	journ.	54

Ce qui frappe le plus, en examinant ces résumés numériques, c'est la faible consommation du combustible, conséquence de l'emploi de la voie humide, à l'aide de laquelle on parvient à faire passer dans le cément la plus grande partie du cuivre renfermé dans les minerais. Toutefois cette économie de bois, de charbon et de tourbe disparaît par la dépense de fonte et les frais nécessités par le cassage et le triage des minerais grillés.

Il est intéressant d'ajouter à ces données les indications suivantes sur le prix des matières et de la main-d'œuvre.

La journée se paye, pour les ouvriers ordinaires, de 1 à 1 fr. 25 c. et pour les ouvriers spéciaux, fondeurs, contre-maîtres, de 1 fr. 50 c. à 3 francs, etc. Mais il est assez difficile, en prenant ces bases, de déterminer d'une manière absolue le coût spécial de chaque manipulation, attendu les frais accessoires résultant de l'organisation spéciale des usines d'Agordo, par suite des maladies, des chômages, qui incombent au travail normal.

Le bois de corde flotté, pesant 380 kilogrammes en moyenne, se paye 4 francs le stère.

Le charbon de bois fabriqué avec des essences résineuses, sapin, pin et mélèze et quelque peu de hêtre, pèse de 140 à 180 kilogrammes le stère et vaut 9 fr. 20 c.

Le mètre cube de tourbe, du poids de 200 kilogrammes, coûte 2 fr. 25 c.

La fonte employée pour la cémentation est coulée en plaques de 3 centimètres d'épaisseur et revient à 22 fr. 90 c. le quintal métrique. Le fer destiné aux outils coûte 32 à 33 francs.

Pour conclure, nous dirons que les minerais traités s'élèvent annuellement à la quantité de 13 400 tonnes environ, dont on retire, en moyenne :

20 079 quintaux de cuivre marchand (affiné).

indépendamment de :

2 962 quintaux de soufre en canons valant 28 fr. 75 c. le quintal
et 58 818   —   de sulfate de fer, à. 5   81   —

Écartant les frais de fabrication afférents au soufre et au vitriol vert, qui viennent accroître les bénéfices de l'entreprise, on trouvera que le traitement d'une tonne de *minerais*, rendant 14^k,90 de cuivre seulement, calculé d'après les éléments groupés plus haut, entraine, en frais spéciaux, les dépenses suivantes :

Combustible.	Charbon	8 fr.	52
	Bois	0	55
	Tourbe.	0	35
Matières. . .	Fondant, grès. . . .	0	25
	Fonte pour la cémentation, 27 kil.	6	05
Main-d'œuvre		3	95
Frais divers : outils, brasques et réparations.		1	13
	Total. . . .	20 fr.	80

Soit, par quintal métrique de cuivre affiné, 140 fr. 85 c., non compris les frais d'exploitation de la mine et les frais généraux, qui varient d'une année à l'autre, suivant l'importance de la production.

Nous nous en tenons, en conséquence, à ces derniers chiffres bien moins destinés à établir le prix de revient exact, qu'à constater les frais de fabrication inhérents à l'emploi d'une méthode, permettant d'atteindre des résultats aussi avantageux. Il est assez probable que la méthode d'Agordo, appliquée à des minerais qui ne rendent, en définitive, que 1 1/2 pour 100 de métal, pourrait également conduire, dans d'autres localités, à des résultats pratiques tout aussi concluants. C'est pour cela que je me suis étendu sur des détails que le cadre de cette revue ne comportait peut-être pas.

Usines d'Atvidaberg. — *Fourneaux suédois.* — En regard de la méthode et des appareils d'Agordo, il est intéressant d'opposer les fourneaux des usines d'Atvidaberg, les plus importantes de la Suède ; on y traite également des minerais de cuivre pauvres et complexes, renfermant du fer, de l'étain, du nickel, du plomb, de l'arsenic, du zinc, etc. — A côté des produits métallurgiques à leurs divers états, exposés par ces établissements, se trouvaient les modèles des fourneaux qui y sont employés ; on peut les voir maintenant dans les galeries du Conservatoire des arts et métiers de Paris. Ils sont représentés, plan et coupes, pl. XI, fig. 1, 2, 3, 4 et 5. Il est aisé de saisir, à l'inspection, ce qui les distingue des autres appareils de ce genre et en quoi ils diffèrent de ceux qui sont affectés au traitement des minerais de cuivre des bords du Rhin et du pays de Nassau. Quelques mots suffiront pour compléter ce que le dessin laisse dans l'ombre et en faire ressortir les caractères particuliers.

Le fourneau n° 1, destiné à la fonte des minerais, préalablement grillés en tas, — ou fonte pour matte, — est un demi haut-fourneau qui rappelle par sa forme quadrangulaire le four Raschett, dont les dispositions peuvent bien avoir été inspirées par celui-ci. Voici approximativement ses principales dimensions :

Du fond du creuset au gueulard. . . . . $7^m,15$
    —   au bas du diaphragme. . . . . $2 ,95$

Du fond du creuset aux tuyères . . . . 1 ,15
—   à la tympe . . . . 0 ,80
Du fond au niveau du creuset . . . . 0 ,68
La largeur du fourneau au bas de la sole est de . . . . 1 ,08
—   au niveau des tuyères. . . . . . 1 ,20
—   au ventre. . . . . 1 ,80
—   au gueulard . . . . 1 ,78
La profondeur, c'est-à-dire de l'arrière à l'avant au bas
  de la sole . . . . , 1 ,63
La profondeur de l'extérieur à l'intérieur du creuset. . 1 ,80
—   de la poitrine à la warme . . . . 0 ,75
—   au ventre (bas du diaphragme). . . . . 0 ,75
—   au gueulard, 0,55 à . . . . 0 ,60 (?)

Le creuset est mi-partie à l'intérieur, mi-partie à l'extérieur du fourneau. La poitrine, mobile, haute de 1 mètre à
1^m,10 environ, construite en briques maçonnées avec de l'argile, repose sur la tympe placée en travers du creuset et
s'élève verticalement jusqu'au ventre. A partir de ce point,
la paroi interne du four s'incline de l'arrière à l'avant, tandis
que la paroi opposée, ou du côté de la warme, monte perpendiculairement du fond du creuset au gueulard. Un diaphragme placé dans l'axe du four part de l'extrémité supérieure de la poitrine, et se termine au gueulard. Le trou de
coulée C est ménagé au fond du creuset, à l'angle droit du
massif établi à l'avant du four. Le fourneau est soufflé par
quatre tuyères $a, a, a, a,$ régulièrement espacées, très-légè-
rement inclinées de la warme à la poitrine. Une hotte placée
à l'avant du four règne au-dessus des creusets extérieurs, et,
communiquant à la cheminée construite au-dessus du gueulard, sert à entraîner les gaz sulfureux qui se dégagent de
l'avant-creuset. Je passe sur les détails de la construction,
relatés dans la *Métallurgie* de Percy ([1]).

Ces dispositions se justifient par la nature des minerais exigeant une action réductive très-énergique, et obtenue par
les artifices indiqués qui conduisent à un rendement plus
considérable, à une consommation de combustible moindre
qu'avec les fourneaux moins élevés et dépourvus du dia-

([1]) *Traité de Métallurgie* de P. Petitgand et Ronna, t. V, p. 289, etc.

phragme. Les charges, d'après l'expérience acquise, sont, paraît-il, beaucoup mieux réparties, les réactions mieux préparées avant d'arriver aux tuyères, et la formation des *skumnas* ou loups ferreux, imprégnés de sulfure de zinc, bien moins à craindre. Ces fourneaux restent en roulement trois à quatre mois, après quoi il faut les mettre hors feu pour réparer le bas de la chemise et le creuset, qui se dégradent par l'action corrosive des silicates, et qui s'engorgent surtout par l'accumulation des sulfures de zinc et de fer.

Les minerais ont une teneur de 2, 2 1/2 à 3 pour 100 de cuivre ; ils sont grillés en tas et fondus avec les scories des opérations précédentes. Proportionnellement aux matières chargées, on recueille de 20 à 23 pour 100 de mattes renfermant de 20 à 22 pour 100 de cuivre ; les scories contiennent tout au plus 1/4 pour 100 de cuivre. La fusion de 4 tonnes de minerais additionnés d'un cinquième de scories exige une tonne de charbon de bois, tandis que celui-ci, mélangé d'un quart environ de coke anglais permet de passer 5 tonnes de lit de fusion.

Le grillage de la matte s'opère dans des cases rectangulaires de 3^m,25 de longueur, larges de 1^m,25 et ayant 1^m,50 de hauteur. Elle passe successivement d'une case à l'autre ; ces cases sont adossées perpendiculairement à chaque côté d'une longue muraille, occupant l'axe d'une grande halle sous laquelle elles sont abritées. Les mattes sont grillées à *mort*, et dans ce but elles sont soumises à six feux et quelquefois à huit feux. C'est de cette opération, qui demande à être conduite avec beaucoup de soins, que dépendent le succès de la fonte pour le cuivre noir et l'élimination des métaux étrangers. Il ne faut pas moins de neuf à dix semaines, quelquefois davantage, d'autres fois moins, pour réaliser un grillage complet. Il arrive qu'en grillant de la matte et du minerai, on obtient, ainsi que dans le procédé d'Agordo, des noyaux, à l'intérieur desquels se concentre le cuivre, et qui ressemblent, sous le double rapport de l'aspect et de la composition, aux tazzoni.

Le fourneau n° 2 (fig. 4 et 5), sauf la hauteur, qui n'est que de 5 mètres du fond du creuset au gueulard, et qui est soufflé à la pression de 2 centimètres de mercure, par deux tuyères seulement, plongeant sous un angle de 3° 1/2 à l'intérieur, est également pourvu d'un diaphragme et offre des dispositions analogues au précédent.

La matte grillée, ainsi qu'il vient d'être dit, est fondue dans le fourneau n° 2, avec un mélange de scories résultant de la réduction du cuivre noir, des scories d'affinage, des résidus des fourneaux, contenant du cuivre et des scories riches de la première matte. Les lits de fusion varient avec la nature des minerais ; voici cependant leur composition ordinaire :

Matte grillée	100	kilogrammes.
Matte mince.	20	—
Scories de la première fusion.	10	—
Résidus cuivreux	10	—
Quartz	10	—

Le fourneau marche avec la poitrine fermée, pourvue au bas d'une petite ouverture pour laisser échapper la flamme, et qui sert aussi à indiquer au fondeur l'allure de l'appareil.

On recueille trois produits qui se séparent par ordre de densité : du *cuivre noir* contenant de 88 à 95 pour 100 ; de la *matte mince*, renfermant de 50 à 72 pour 100 de cuivre, et de la scorie de cuivre noir, très-riche en oxyde de fer qui ronge énergiquement les parois du four, mais pauvre en cuivre. C'est cette matte mince qui s'ajoute au lit de fusion. Proportionnellement à la quantité des matières chargées, le rendement du cuivre noir varie de 20 à 30 pour 100.

Quant au four d'affinage, c'est le type des foyers des autres usines du pays, calqué sur les foyers analogues employés en Allemagne, et dont les dimensions varient avec l'état de pureté plus ou moins grande des cuivres noirs soumis à l'affinage. L'inclinaison des tuyères et la pression du vent dépendent également de la nature des matières, de la proportion des métaux étrangers à expulser, et de la proportion du cuivre noir, répondant à la formule du cuivre panaché $3Cu^2S + Fe^2S^3$.

Le raffinage du cuivre noir, à l'aide du petit foyer donné

pl. XI, fig. 7, s'accomplit dans les conditions ordinaires des usines où cet appareil est en usage.

On trouvait à l'Exposition, placée à côté des cuivres de la Suède, une note manuscrite sur le travail des mines d'Atvidaberg, dont j'extrais les détails suivants pour compléter ceux qui précèdent :

« Les mines de Bresbo forment la base de l'alimentation des usines ; celles du district métallifère occidental, Mormor-Hagg, Erin, Gronhog et Erikografrun, etc., n'y interviennent qu'en proportions restreintes. Les minerais, assez complexes, renferment de la pyrite cuivreuse, accompagnés de pyrite ordinaire, de chlorite, de quartz, etc.; ils sont enclavés dans des roches de gneiss protogène.

« Les premiers sont grillés à un ou à deux feux, suivant la quantité de blende et de pyrite magnétique dont ils sont mélangés. Les seconds n'ont pas besoin de subir cette opération.

« En 1865, on a fondu pour mattes, dans sept fourneaux 27 928 tonnes de minerais, y compris 6 202 tonnes de scories, à la teneur de 1 pour 100, provenant de l'année précédente. Ce total de 27 928 tonnes contenait 1 010 tonnes de cuivre. Les analyses ont démontré, dans les lits de fusion, la présence de 20 à 22 pour 100 de cuivre, et, en outre, de 44 à 46 pour 100 de fer, de 5 à 7 pour 100 de zinc et de 25 à 28 pour 100 de soufre. On en a retiré 5 233 tonnes de matte cuivreuse.

« On fond par jour (vingt-quatre heures) et par fourneau 14 tonnes de lits de fusion qui produisent $2^t,05$ de mattes. On consomme par tonne de mattes 1 473 kilogrammes de combustible, composé de 42 pour 100 de charbon de bois et de 58 pour 100 de coke anglais ; par rapport au volume du coke, le charbon de bois se trouve comme 8 : 22.

« La matte, concassée en morceaux de $0^{m3},21$ à $0^{m3},27$, est grillée en tas, à six feux, avant d'être envoyée à la fonte pour cuivre noir. Un tas renferme 5 100 kilogrammes de matières, subissant une perte de 1 1/2 à 3 pour 100.

« La matte ainsi grillée est fondue avec un mélange des scories de la première fusion et un peu de quartz ; on la repasse ensuite dans un fourneau plus petit, chauffé au char-

bon de bois seul, donnant le cuivre noir pour le raffinage,
un peu de *matte mince* très-riche et des scories ferreuses.

« On a passé, pendant la campagne de 1865, 5 199 tonnes
de mattes grillées à six feux, qui ont produit 972^t,7 de cuivre
noir. Un fourneau absorbe en vingt-quatre heures 10^t,75 de
lits de fusion, rendant 1 487 kilogrammes de cuivre noir et
exigeant une consommation de 237 kilogrammes de charbon
de bois pour 100 kilogrammes de cuivre noir.

« Le cuivre noir renferme 92 à 93 pour 100 de cuivre pur,
2 à 3 pour 100 de fer et environ 1 à 2 pour 100 de zinc.

« Le cuivre noir est traité dans les bas foyers, ou dans un
four à réverbère. On a recours, à Atvidaberg, au réverbère
d'affinage construit par le docteur C.-Th. Bottger, d'Eisleben.

« Dans l'année 1865, 571^t,37 de cuivre noir affiné au bas
foyer ont rendu 494 tonnes de cuivre raffiné, tandis que
380^t,33 passées au réverbère ont produit 301$_t$,98 de cuivre
marchand. Dans le premier cas, 100 kilogrammes de cuivre
raffiné ont motivé une consommation de 50 kilogrammes de
charbon ; dans le second cas, on a brûlé, pour la même quantité de cuivre affiné, 56 kilogrammes de charbon de bois.

« Il résulte de l'ensemble de ces diverses manipulations que
les 5 199 tonnes de mattes grillées, ayant produit 796 tonnes
de cuivre affiné, ont donné un déchet de 207t,53, soit une
perte de 20,67 pour 100 sur le traitement initial des minerais,
le titre du cuivre contenu dans la matte étant calculé d'après
la teneur de ceux-ci.

« On n'a pas encore pu établir la relation qui existe dans les
pertes propres à chaque opération et dans quels rapports
ces pertes interviennent respectivement de l'une à l'autre. »

Je laisse au lecteur le soin de tirer les conclusions que ces
faits peuvent suggérer.

Usines allemandes. — Les cuivres du Mansfeld et du Harz,
étalés dans la belle et si complète exposition métallurgique
de la Prusse, fourniraient des exemples non moins intéressants du traitement des minerais de cuivre par la méthode
allemande et l'occasion de faire voir la diversité des four-

neaux de réduction ; mais ce serait risquer de tomber dans des redites, ou de revenir sur des procédés qui se trouvent depuis longtemps décrits.

Il nous semble plus utile de nous arrêter sur les usines de Stadtberg, en Westphalie ; elles nous permettront de parler d'une autre méthode de traitement, la *voie humide*, qui s'adapte plus spécialement aux minerais pauvres. Cette méthode, seule ou combinée avec la voie sèche, s'exerce à Stadtberg et dans d'autres lieux sur une certaine échelle, et mérite d'être comparée à celle-ci ; elle peut, en effet, dans la plupart des cas, lui être substituée avec avantages.

§ V.

TRAITEMENT DES MINERAIS DE CUIVRE CARBONATÉS VERTS ET BLEUS PAR LA VOIE HUMIDE.

Méthode de Stadtberg. — Les minerais de cuivre de Stadtberg se trouvent en partie dans la formation du *Zechstein* (calcaire magnésien), et en partie dans les schistes dévoniens qui en forment le mur.

Les gisements principaux forment des failles (*Rücken*) remplies de schiste siliceux et d'argile ; mais la roche encaissante est en partie injectée de minerai et de manière à pouvoir être exploitée sur de grandes étendues.

Le cuivre carbonaté a pénétré dans une foule de petites fissures de la roche siliceuse (une espèce de *phtannite*); ce minerai n'a qu'une teneur moyenne de 1 1/2 à 3 pour 100. Le minerai des failles contient généralement plus de 6 à 10 pour 100 de cuivre ; une petite partie s'y trouve encore à l'état de sulfure, atteignant alors la teneur de 40 pour 100.

Un premier triage se fait dans la mine, pour séparer le sulfure des carbonates ; un second triage s'opère au jour. Les sulfures ainsi recueillis sont traités par la voie sèche, dans un *fourneau à manche*, avec les crasses d'un fourneau à réverbère, dans lequel sont fondus le cuivre de cémentation et les crasses de l'affinage. Le rendement moyen de ces sulfures est de 20 pour 100.

Les minerais carbonatés, dont la richesse moyenne n'est que de 2 1/2 à 3 pour 100, sont traités par l'acide sulfurique, de la manière suivante :

La plupart des minerais se trouvent déjà, au sortir de la mine, en morceaux de la grosseur d'une *noix* ou de petites *noisettes*. Les morceaux plus gros sont concassés à la main, et séparés ainsi des parties stériles et des sulfures qui peuvent encore s'y trouver mélangés. On passe ensuite le minerai dans un trummel, pour le classer suivant la grosseur du grain, et en même temps pour le délivrer de la boue adhérente.

L'extraction du cuivre a donc lieu à Stadtberg par trois procédés distincts :

A. Par le premier, tous les minerais renfermant plus de 3 pour 100 de cuivre sont traités par la méthode ordinaire (environ 50 tonnes par an).

B. Avec le second, les minerais contenant de 1 à 3 pour 100 de cuivre sont dissous dans l'acide sulfurique. Le cuivre est précipité par le fer. Le cuivre de cémentation, lavé, est traité pour cuivre rosette et pour cuivre en barres (*hammergaar*). Mais ce traitement n'est avantageux qu'autant que les minerais ne renferment pas plus de 1 pour 100.

C. Pour les minerais de 1 pour 100 et au-dessous, on applique depuis peu, dans les deux plus grandes usines de la Compagnie, un nouveau procédé qui permet de traiter dix fois plus de minerais (60 000 tonnes au lieu de 6 000, que par l'emploi de l'acide sulfurique seul.

Je ne m'arrêterai qu'à ces derniers.

Procédé B.

Pour être soumis à l'action des vapeurs sulfuriques, on entasse le minerai dans des caisses en maçonnerie (*Säuer Kasten*), de 50 mètres carrés environ de superficie et de $1^m,50$ de profondeur. A 40 centimètres au-dessus du fond, on forme une grille par des solives de bois, posées sur un retrait ménagé dans la maçonnerie, et soutenues par plusieurs traverses.

On charge d'abord sur cette grille le minerai le plus gros. Sur cette première couche on étend une seconde couche de minerai à grains moyens, et enfin sur celle-ci une troisième formée avec les grains les plus fins. En été, quand les boues sont bien sèches, on en charge également une partie.

Chaque caisse contient environ 75 000 kilogrammes.

De quatre jours en quatre jours, on retourne la couche supérieure avec une pelle, afin que tous les grains soient bien exposés à l'action des vapeurs de l'acide sulfurique.

On laisse ainsi le minerai exposé à la lixiviation, jusqu'à ce que toutes les parties vertes ou bleues soient entièrement dissoutes, ce qui a lieu ordinairement au bout de vingt-cinq à vingt-huit jours.

On fait alors écouler la solution par un robinet, disposé au ond de la caisse sous la grille, dans un réservoir où la cémentation s'opère ; puis on lave le minerai avec de l'eau, pour enlever les dernières traces de la lessive.

A chaque caisse est adaptée une pompe, avec laquelle on puise la lessive de temps en temps. Quand la lessive n'est pas entièrement concentrée, après la lixiviation complète du fminerai chargé, on s'en sert pour arroser le minerai placé dans une autre caisse. Cet agencement est représenté par la coupe de l'usine (pl. XI, fig. 6).

La cémentation se fait avec des rognures de tôle de fer (riblons), qui servent six fois. Après chaque cémentation, on lave les riblons dans des cribles ; une grande partie du cuivre tombe en poudre, et ce qui reste adhérant est détaché à la main. Le cément contient, à l'état humide 64, à l'état sec 80 à 85 pour 100 de cuivre pur. Il est fondu dans un fourneau à réverbère pour cuivre noir, que l'on affine, couvert de coke (l'ancienne méthode allemande) sur une sole libre (*Gaarherdt*) et sous l'action d'une tuyère.

La poudre fine de cuivre de cément, obtenue au lavage, est fondue pour cuivre noir dans le fourneau à manche, avec les sulfures et les crasses.

La lessive résultant de la cémentation est concentrée dans des bassins de plomb, après quoi on fait cristalliser le sulfate de fer.

Procédé C.

Les dissolvants employés dans le second procédé, ou procédé C, sont les suivants [1] : 1° les eaux mères provenant de la fabrication du sulfate de fer ; ces eaux mères contiennent des sulfates de protoxyde et de sesquioxyde de fer et du sulfate d'alumine ; 2° de l'acide chlorhydrique ; 3° des liqueurs de cémentation renfermant du sulfate et de l'acétate de protoxyde de fer.

L'action des dissolvants 1 et 2 est connue ; celle de l'acétate de protoxyde de fer l'est beaucoup moins. Le chlorure de fer seul exerce une faible action dissolvante sur le carbonate de cuivre. La décomposition s'opère si lentement et si superficiellement, qu'il n'y a pas avantage à recourir à ce réactif. Avec l'acétate de fer au contraire, les résultats sont très-remarquables.

Toutes les liqueurs, d'où l'on a précipité le cuivre par le fer, sont soumises à l'influence de l'air comprimé. Ces liqueurs sont soutirées dans une grande citerne en bois, de $1^m,60$ de hauteur, au milieu de laquelle est placé un tuyau vertical de 5 centimètres de diamètre intérieur. A ce tuyau sont fixés, près du fond, quatre bras équidistants et horizontaux ; chacun de ces bras est perforé par une rangée de trous espacés de 2 centimètres. L'air est refoulé dans le tube central par une pompe ; le liquide prend ainsi un mouvement de rotation qui permet d'achever l'oxydation de la masse liquide, en quinze minutes environ.

La liqueur est alors ramenée par une pompe sur les minerais et aérée de nouveau de la même manière.

---

[1] Cette notice m'a été communiquée, par le docteur **Percy**, qui l'a reçue manuscrite du docteur **G. Rentzky.**

Voici la formule qui a été donnée pour expliquer la réaction sur du carbonate de cuivre ($3CuOCO^2$) :

$$3O^3 + 6Fe\,ClHO = Fe^2O^5,3HCl + 2Fe^2O^3 + 3HCl \,\}\, 3Cu\,Cl + HO + 3CO_2$$

Les liquides soumis à l'influence de l'air comprimé sont d'excellents dissolvants; ils servent continuellement et ne sont jamais rejetés. L'extraction du cuivre dure dix jours, dans l'ordre suivant :

1er *jour.* — Minerai neuf; liqueurs à peu près neutres, c'est-à-dire à peu près saturées de cuivre.

2e *jour.* — Les liqueurs du jour précédent sont écoulées sun du fer pour la précipitation, et de nouvelles liqueurs à peu près neutres sont versées sur les minerais.

3e *jour.* — Les liqueurs du deuxième jour séjournent sur le minerai.

4e *jour.* — Les liqueurs sont écoulées pour la cémentation; puis, après avoir été débarrassées du cuivre qu'elles contenaient, elles sont foulées par l'air comprimé et ramenées sur le minerai.

5e *jour.* — Les mêmes liqueurs séjournent sur le minerai, en ayant soin d'insuffler l'air de temps en temps.

6e *jour.* — Les mêmes liqueurs sont additionnées de la moitié de l'acide chlorhydrique nécessaire.

7e *jour.* — Les mêmes liqueurs sont mélangées avec l'autre moitié d'acide chlorhydrique.

8e *jour.* — Les liqueurs du jour précédent sont élevées par la pompe, sur du minerai neuf déposé dans un autre réservoir. Le minerai déjà lavé est repris par l'eau provenant des *abzüssen* (résidus) du cément de cuivre.

9e *jour.* — Le lavage se poursuit à la température de 50 à 60 degrés Réaumur.

10e *jour.* — Le minerai, débarrassé de tous les résidus de cuivre, est mis en tas et remplacé.

Les vapeurs d'acide sulfurique qui sont employées pour le traitement des minerais de cuivre sont produites de la manière suivante :

Un fourneau à cuve, de 5 mètres de hauteur environ, ayant
1^m,35 de diamètre au ventre, 50 centimètres au gueulard et
1 mètre au creuset et dont les tuyères sont placées à 1^m,20
de la sole, est rempli de *blende* ou de *pyrite*. Pour mettre le
fourneau en feu, on charge un peu de combustible, au fond
sur la sole ; à l'aide du vent que les tuyères lancent dans le
fourneau, les sulfures commencent bientôt à s'oxyder, et,
une fois le fourneau allumé, les sulfures continuent à brûler
seuls, sans autre consommation du combustible. La charge
du fourneau est de 1 000 kilogrammes environ, qui y restent
vingt-quatre heures. Sur chaque charge on introduit 1 kilo-
gramme de *nitre* et 2 kilogrammes de *sel marin*.

Toutes les vingt-quatre heures (à Linz cela se fait deux fois
et même trois par vingt-quatre heures), on tire par la porte,
qui se trouve au bas de la sole, toute la blende placée sous
les tuyères, et qui est en grande partie désulfurée, puis l'on
introduit une nouvelle charge par le gueulard. La blende,
grillée ainsi, est retirée du four, triée et lavée, et toute celle
qui n'est pas encore suffisamment désulfurée est repassée
avec la charge suivante.

Les vapeurs d'acide sulfurique qui se forment pendant le
grillage s'échappent par un canal maçonné situé près du
gueulard ; elles se réunissent, avant de descendre sous la
grille, dans des caisses de lixiviation, avec des vapeurs d'eau,
qu'on produit dans des chaudières plates. Il se forme ainsi
des vapeurs d'acide sulfurique aqueux, qui descendent par
des canaux maçonnés sous la grille des caisses où le minerai
est entassé ; ces vapeurs pénétrant de là dans toutes les fissures du minerai, dissolvent alors le cuivre, en dégageant
l'acide carbonique, et tombent, après s'être condensées
goutte par goutte, au fond des caisses.

Les chaudières affectées à la production des vapeurs d'eau
ont 8^m,25 carrés de surface.

Un four à cuve fournit avec une chaudière les vapeurs
nécessaires pour deux caisses de lixiviation.

L'usine de Stadtberg, composée de l'ancienne usine et de
la nouvelle, renferme actuellement six fourneaux à cuves,

six chaudières, douze caisses de lixiviation. Elle consomme journellement 150 000 kilogrammes de minerai, soit environ 4 500 tonnes par an. Sa production s'élève à 120 tonnes de cuivre et à 900 tonnes de sulfate de fer.

Méthode de Huelva. — Les gîtes de pyrites de fer cuivreuses traitées dans le sud-ouest de l'Espagne, notamment ceux de Tharsis et de Calañas, qui appartiennent à la Compagnie des mines de Huelva, se rencontrent dans les schistes de transition, sous forme d'amas lenticulaires qu'on a comparés, avec assez de raison, à la carène d'un navire. Le grand axe de ces amas dépasse souvent 1 000 mètres, tandis que le petit axe est à peine de 100 à 120 mètres.

A Tharsis, ainsi qu'à Rio-Tinto, les principaux gisements sont limités par des salbandes d'argile blanche ; à leur contact s'élèvent des roches quartzo-ferrugineuses, désignées sour le nom de *crestones*. Ces salbandes renferment une roche rouge, désagrégée et friable, à noyaux d'oxyde de fer, souvent ravinée par suite des pluies et offrant des dépressions plus ou moins considérables.

A Calañas, la masse minérale, est recouverte en grande partie par des schistes stratifiés plus ou moins ferrugineux ; elle est divisée en deux parties inégales par un énorme coin de grauwacke intercalé dans le minerai.

Le minerai, généralement pur, ne nécessite pas de triage. Sa teneur en cuivre varie de 2 à 6 pour 100 et atteint quelquefois 12 pour 100 ; mais la masse ne dépasse guère 2 1/2 pour 100 en moyenne.

En 1859, le prix de revient du minerai exploité à ciel ouvert, basé sur une extraction annuelle de 60 000 tonnes environ, était évaluée à 5 fr. 25 c. par tonne ; celui du minerai exploité par puits et par galeries, calculé sur une extraction annuelle de 25 000 tonnes environ, revenait à à 9 fr. 20 c. Ces derniers minerais, les plus riches, sont destinés à l'exportation et vendus en Angleterre aux usines de produits chimiques qui en extrayent d'abord le soufre ; les résidus sont mis de côté et réservés pour le traitement du cuivre. La teneur des minerais traités sur place pour cuivre varie de 2 à 3 pour 100.

La calcination des minerais se fait à l'air libre et dans des fours. La première manière est employée à Tharsis pour le minerai en morceaux; la seconde n'est appliquée que pour le minerai menu ou en poussière.

Dans le grillage à l'air libre, le minerai est concassé en morceaux de 5 ou de 6 centimètres. Les tas ont la forme d'un prisme triangulaire terminé par des pyramides obliques à base quadrangulaire; ils sont connus dans le pays sous le nom de *taleras*. Les menus sont étendus en forme de sole rectangulaire de 10 mètres sur 5 mètres et entourés à la base d'un cordon de fagots. Au-dessus, le minerai est entassé et recouvert de menus non grillés des opérations antérieures, ou de résidus de lavage des opérations suivantes. Le feu est mis aux quatre angles, et la durée du grillage est de six à sept mois. Les taleras renferment chacun 140 tonnes environ; par les moyens usités aujourd'hui à Tharsis, on obtient à peu près 1 1/2 pour 100 de cuivre. Avec un ensemble de 200 taleras, renouvelé deux fois l'année, on arrive à une production de 600 à 800 tonnes de cuivre brut.

La tonne de minerai grillé correspond en moyenne à 1,28 tonne de minerai cru.

Pour régulariser le grillage des tas, empêcher la fusion partielle, diminuer la fumée et mettre à profit, en le sulfatisant, une bonne partie du cuivre qui reste dans le menu, on recouvre les tas d'une couche épaisse de menu grillé au four et lavé. La couverte des taleras est une excellente opération, à la condition toutefois de séparer du traitement ultérieur les couvertes, sous peine de produire des cuivres de qualité plus inférieure. En effet, l'arsenic, qui, dans les tas découverts, s'échappe en grande partie avec l'acide sulfureux, peut en se volatilisant, dans les tas couverts, se condenser presque en totalité sous la couche de menu, ainsi qu'il est facile de s'en assurer en examinant la couche mince de poussière blanche d'acide arsénieux et les cristaux qui tapissent toutes les fissures.

Le minerai en poussière est grillé dans les fours à réverbère. Ces fours sont au nombre de cinquante. Leur tirage se fait au moyen de canaux rampants qui vont se réunir à des cheminées verticales construites sur la partie supérieure du terrain auquel les fours sont adossés. Bien que ce système de grillage produise de bons résultats, tant sous le rapport du rendement que sous celui de la qualité du cuivre', il ne faut cependant le considérer ici que [comme un acces soire.]

Les fours à réverbère, fort ordinaires, sont construits en briques communes ; ils grillent le menu avec une faible consommation de combustible, environ 3 pour 100 de son poids. Encore est-il indispensable, comme l'opération ne s'effectue bien que sur la poussière, de séparer les grenailles qui restent d'ordinaire à l'état d'incuit, à cause de la faible température des fours. La séparation des grenailles s'opère à l'aide d'un crible cylindrique.

Le minerai, grillé en tas et dans les fours, est transporté à l'aide de petits chemins de fer, dans cent cinq bassins disposés sur trois rangées, parallèles entre elles et avec les fours.

L'opération de la dissolution est des plus simples : les bassins sont en maçonnerie, revêtue d'un enduit bitumineux et munis d'un plancher supportant le minerai, et qui permet la circulation de l'eau. Les bassins une fois chargés de minerai calciné, on y introduit les eaux qui arrivent par la galerie d'écoulement, se réunir de tous les points des travaux, dans un bassin pratiqué à cet effet. A leur défaut, on a recours en temps de pluie aux eaux de la Tiesa, et à celles qui sont retenues par la digue derrière laquelle on dépose les minerais déjà lavés. Grâce à cette digue, on peut arriver à emmagasiner des eaux très-chargées de cuivre, et par cela même à augmenter dans une assez forte proportion la production annuelle.

On fait passer sept ou huit fois les eaux dans les bassins, sans renouveler le minerai ; elles y restent chaque fois vingt-quatre heures ; après ce laps de temps, le minerai lavé est remplacé par des matières neuves.

En 1859, on ne lixiviait qu'avec cinq eaux. La première eau séjournait un quart d'heure dans les cuves, puis on la laissait couler :

          la 2ᵉ eau séjournait 24 heures ;
          la 3ᵉ   —   —   48   —
          la 4ᵉ   —   —   48   —
          la 5ᵉ   —   —   48   —

Réunies, ces eaux cubaient environ 50 mètres cubes. Le chargement et le déchargement exigeaient chacun un jour.

Les eaux de chacun de ces lavages successifs sont recueillies dans des bassins de décantation, dans lesquels les eaux, de richesses diverses, se mélangent et laissent déposer les particules terreuses qu'elles tiennent plus ou moins en suspension, lors de leur sortie des bassins de dissolution. De ces bassins de décantation, représentant un volume de 48 mètres cubes environ, les eaux chargées de sulfate acide de cuivre sont dirigées dans les bassins de cémentation, où l'on a, au préalable, déposé des lingots de fonte ; là s'opère à l'état métallique la précipitation du cuivre sur le fer. Le nombre des bassins de précipitation est de 33 ; leur volume total représente en été le tiers de celui des bassins de dissolution, mais en hiver, il en faut au moins la moitié de plus, sous peine d'avoir à agiter constamment le liquide pour activer l'opération.

Ces bassins, qui mesuraient 5 mètres sur 4 mètres, avec 1ᵐ,25 de profondeur, recevaient de 15 à 16 mètres cubes de liquide, et de 10 à 20 tonnes de fonte de fer en gueusets rangés sur le plancher, avec autant de vides que possible. La précipitation durait en été vingt-quatre heures et le double en hiver. Le chargement et le déchargement de la fonte, la sortie des céments et des boues (*cascara*, *papucha*, etc.) duraient douze heures.

Le produit de l'opération s'élevait en moyenne à 1 400 kilogrammes de *cément*, perdant 30 pour 100 au séchage. La teneur ordinaire de la *cascara* sèche est de 45 pour 100 de cuivre.

Pour le traitement des minerais grillés en tas, il convient

de séparer le minerai employé aux couvertes des taleras, qui interceptent l'acide arsénieux. En effet, cet acide, en se dissolvant, vient se précipiter dans les bassins de cémentation à l'état de sous-arséniate de fer, qui se mélange en grande partie avec la *cascara*. En traitant les couvertes à part, on obtient, il est vrai, un peu de cuivre très-mauvais, mais la plus grande partie de la production est alors d'une qualité supérieure. On peut encore améliorer le produit, en séparant avec soin les sous-sulfates et la *papucha* de la *cascara*, au lieu de les réunir et de les fondre tout ensemble.

D'après les comptes de fabrication de l'année 1859, qui nous ont été remis par notre ami M. V. Baron, on calculait ainsi les frais de calcination du minerai :

Minerai 1,250 kilogrammes.	6 fr.	60
Frais de toute nature	2	60
Prix de la tonne grillée. . .	9 fr.	20

La perte au grillage est de 25 pour 100.

D'autre part, pour une production de 100 à 120 tonnes de *cascara* ou de cément, par mois, le prix de revient, tous frais compris, était de 750 francs environ par tonne. Le minerai grillé entre dans ce prix pour 425 à 450 francs.

Les tableaux ci-contre reproduisent les détails du prix de revient du minerai calciné et de la *cascara* durant le premier semestre de 186...

La cascara due à la précipitation par le fer est traitée sur place.

Les bâtiments affectés à la fonderie de Tharsis sont assez complets pour suffire à une production beaucoup plus considérable que la production actuelle. Les fours sont soufflés par des soufflets de forge au lieu de ventilateurs; chaque soufflet est mis en mouvement par une brigade de quatre hommes (*palanqueros*), qui se relèvent chaque douze heures. Ces hommes sont payés à raison de 2 fr. 60 c. par jour, ce qui fait pour chaque soufflet et pour chaque four une dépense de 20 fr. 80 c. par vingt-quatre heures. Les fours à manche, très-bas, sont desservis chacun par un soufflet; un four peut

	DÉSIGNATION DES DÉPENSES.	JANVIER 105 500 kilogr.			FÉVRIER 89 560 kilogr.			MARS 105 550 kilogr.			AVRIL 110 000 kilogr.			MAI 110 070 kilogr.			JUIN		
		Sommes.	Totaux.	Moyenne.	Sommes.	Totaux.	Moyenne.	Sommes.	Totaux.	Moyenne.	Sommes.	Totaux.	Moyenne.	Sommes.	Totaux.	Moyenne.	Sommes.	Totaux.	Moyenne.
FRAIS DIRECTS. — CÉMENTATION. Main-d'œuvre	Surveillance	739 »			1 098 »			806 »			709 »			806 »					
	Chargement des chars	7 206 »			6 830 »			7 036 »			6 743 50			7 082 »					
	Voiturage de la Compagnie	7 890 50			» »			» »			» »			» »					
	Voiturage à journée	» »			7 591 »			8 019 »			8 711 50			8 455 25					
	Chargement et déchargement cementadores	3 473 55			2 502 »			2 010 »			2 610 »			2 853 »					
	Chargement et déchargement disolvedores	8 204 »			7 461 75			9 460 30			9 371 50			9 280 »					
	Dissolution	5 840 03			1 511 »			8 506 50			1 555 »			1 820 »					
	Remuage des eaux	» »			2 891 60			» »			2 074 40			1 826 11					
	Séchage et pesage (Cascara)	2 209 71	44 449 23	421 65	1 991 »	31 936 27	396 02	2 079 30	35 954 36	378 36	1 987 44	38 645 66	324 75	2 232 57	39 205 75	329 25			
	Séchage et pesage (superbe et ch' console)	1 190 86			219 »			378 50			324 »			112 53					
	Séparation du minerai	1 034 »			745 »			945 »			905 »			1 254 50					
	Réparations - Bâtisse / Réparations - Outils et rigoles	4 642 53			1 852 02			2 037 36			2 370 23			1 589 02					
	Service des pompes	» »			» »			» »			595 »			945 30					
	Divers	622 25			700 »			843 »			» »			» »					
Fournitures de magasin	Huile	46 50			69 94			33 07			33 10			63 60					
	Fers	97 168 78			90 010 38			93 143 95	94 732 46	899 40	95 017 14	96 903 34	631 87	95 815 25	98 406 70	869 06			
	Bois	» »			» »			» »			250 »			» »					
	Divers	1 807 80	98 817 08	94 03	3 405 38	94 415 88	942 98	1 375 44			2 783 86			514 24					
	Fournitures des ateliers	» »			Alcaraza 536 0»	1 382 50	15 43	» »			» »	1 328 43	11 12	» »					
	Fournitures des combustibles	840 50	810 50	-8 00	Asphalte 820 »	7 509 82	87 73	795 »		2 80	338 50		3 04	791 50		6 64			
	Emploi des bêtes	8 580 »	8 580 »	81 41	» »			112 »		1 64	9 052 74		76 06	8 915 87		74 87			
	Amortissement du matériel du service	» »			» »			8 449 09		81 11	» »			» »					
	Dépenses diverses	» »	152 081 81	1 449 75	» »			» »			» »			833 »		8 71			
Dépenses réparties	Minerai calciné	» »	178 073 60	1 693 35	» »	139 520 84	1 546 43	» »	164 853 17	1 868 57	» »	193 034 80	1 541 11	» »	168 448 17	1 565 38			
	Frais généraux	» »	2 000 »	18 97	» »	2 000 »	22 82	» »	2 000 »	18 06	» »	2 000 »	16 80	» »	2 000 »	10 79			
		» »	339 338 41	3 163 00	» »	208 150 01	3 094 64	» »	342 440 22	3 250 27	» »	348 668 70	2 988 65	» »	231 438 65	1 666 75			

N. B. — Les chiffres représentent des réaux et des centièmes de réal. Le réal de vellon est calculé au change fixe de 19 réaux pour 5 francs, soit 0f,2631 p. réal.

Paris. — Typ. Hennuyer et fils.

PRIX DE REVIENT. — 1er SEMESTRE 186 . — **MINERAI CALCINÉ.**

DÉSIGNATION DES DÉPENSES	JANVIER 5 115 020 kilogr.			FÉVRIER 4 022 600 kilogr.			MARS 2 054 650 kilogr.		
	Sommes	Totaux	Moyenne	Sommes	Totaux	Moyenne	Sommes	Totaux	Moyenne
Surveillance	1 934 »			» »			744 »		
Cassage du minerai	3 845 48			672 »			1 778 02		
Grillage	-			» »			» »		
Charge en teleras de première	6 253 21			3 433 15			3 847 05		
Charge en teleras lavé	1 721 37			9 058 30			3 492 09		
Attisouleurs	277 80			2 103 85			249 25		
Rapadores	» »		5 41	183 30	21 771 03	4 42	500 »	24 280 »	7 25
Criblage, résidus lavés	1 140 11			2 818 85			3 229 25		
Détomperalures	960 »			8 »			» »		
Séparation	913 61			1 855 55			2 182 84		
Calcination de la poussière riche	» »			» »			1 331 50		
Travaux divers	» »			825 »			888 »		
Fournitures de magasin. Ateliers	»	1 307 50	03	» »	362 »	07	» »	301 »	12
Fournitures de combustibles pour teleras	2 273 »			16 180 78			2 278 80		
Fournitures de combustibles pour fours	197 82	2 470 91	79	11 900 68	4 380 10	93	990 77	4 204 27	11
Amortissement du matériel 1/2 réal p. T	»	1 557 51	50	»	2 461 30	50	»	4 497 42	50
Frais divers. Emploi des bêtes	»	1 532 85	10	» »			» »	»	»
Huile	»			»	22 08		»	53 12	
Divers	»			»	828 50	17	»	2 522 »	87
Minerai cru	»	97 219 77	31 21	»	149 799 04	30 43	»	81 212 »	29 74
Frais généraux	»	2 000 »	64	»	2 000 »	40	»	2 000 »	68
	» »			»	181 821 05	36 93	»	118 189 81	40 25

DÉSIGNATION DES DÉPENSES	AVRIL 4 381 450 kilogr.			MAI 2 085 300 kilogr.			JUIN		
	Sommes	Totaux	Moyenne	Sommes	Totaux	Moyenne	Sommes	Totaux	Moyenne
Surveillance	718 »			744 »					
Cassage du minerai	1 938 24			1 914 »					
Grillage									
Charge en teleras de première	7 600 »			7 180 11					
Charge en teleras lavé	1 744 73			688 30					
Attisouleurs	197 50			235 25					
Rapadores	» »	21 188 40	4 85	» »	19 044 04	0 68			
Criblage, résidus lavés	2 910 29			1 815 98					
Détomperalures	» »			» »					
Séparation	2 104 29			2 032 98					
Calcination de la poussière riche	2 530 75			3 510 »					
Travaux divers	1 445 »			766 12					
Fournitures de magasin. Ateliers	» »	231 »	05	» »					
Fournitures de combustibles pour teleras	2 538 »			» »					
Fournitures de combustibles pour fours	1 738 93	4 456 86	97	» »	4 833 49	1 62			
Amortissement du matériel 1/2 réal p. T	»	2 190 72	50	» »	1 491 05	50			
Frais divers. Emploi des bêtes	» »			» »	13 »	06			
Huile	»	10 69		18 »					
Divers	»	2 131 50	48	2 000 »	2 018 »	07			
Minerai cru	»	123 605 98	28 24	»	82 004 48	27 34			
Frais généraux	»	9 000 »	43	»	2 000 »	67			
	»	155 044 43	35 52	»	112 393 54	37 67			

N. B. — Les chiffres représentent des réaux et des centièmes de réal. Le réal de Vellon est calculé au change fixe de 19 réaux pour 5 francs, soit 0f,2631 p. réal.

donner trois tonnes de cuivre noir par vingt-quatre heures. Les soufflets coûtent généralement de 750 à 800 francs, et leur durée ne dépasse guère trois ans. Des ventilateurs pouvant souffler à la fois à deux fours à manche et deux bas foyers remplaceraient avantageusement ce système de soufflets.

Les transports de Tharsis à la mer, ou au Charco, sur la rive droite de l'Odiel, que les navires peuvent remonter à 18 ou 20 kilomètres du port de Huelva, se font au moyen de chars à deux roues portant de 2 à 3 tonnes et ordinairement attelés de trois mules. Presque tous les transports intérieurs se font par de petits chemins de fer à traction animale.

Les usines de Calañas sont situées dans la vallée où débouche la galerie d'écoulement des mines, à 65 mètres en dessous du niveau des ateliers de grillage, et à 1 kilomètre de distance horizontale de celle-ci. Le transport du minerai grillé aux bassins s'effectue, avec des charrettes à bœufs, par la route qui réunit les taleras à l'usine, ce qui augmente notablement le prix de revient.

Dans les deux localités dont il s'agit, le minerai rend environ 1,25 pour 100 de cuivre, et l'on consomme de 2 à 2,50 de fonte pour 1 de cuivre.

D'après M. Emile Bézard, qui dirigeait l'exploitation de Calañas, les résidus lavés, mis en magasin, contiennent encore du cuivre à l'état de sulfure et à l'état d'oxyde et de sous-sulfate renfermé dans les incuits et les noyaux de matte formés au centre des fragments de minerai. Ce cuivre se sulfatise à la longue, de sorte qu'en disposant convenablement les résidus et en ayant soin de les arroser, on peut encore retirer du métal à peu de frais. Les rigoles ou *canales* de Tharsis peuvent ainsi donner de 13 à 30 pour 100 du cuivre. Le prix du cuivre produit par ces rigoles serait environ :

Fonte, 2 pour 1 de cuivre.	290 fr.	»
Nettoyage, transport, grillage des noyaux.	39	50
Fusion et repassage des scories.	52	»
Transport, droits de 3 pour 100 à l'Etat et navigation	93	»
	474 fr. 50	

Si l'on évalue le prix de revient moyen du cuivre cémenté directement, sans frais généraux, à 1 040 fr. 60 c., on aurait pour :

100 tonnes produites directement.	104 060 fr. »
Moins 15 pour 100 ou 15 tonnes de cuivre des rigoles à 474 fr. 50.	7 117 50
Total pour 115 tonnes.	96 942 fr. 50

soit par tonne, sans frais généraux, environ 970 francs.

Procédé de Mona-Mine. — Le procédé de Mona-Mine, tel qu'il était appliqué ces derniers temps, offre sur les précédents quelques modifications qui ressortiront des détails suivants.

L'eau utilisée provient de deux sources : l'eau de pluie qui, en traversant à la surface les déchets de la mine, se charge de matières minérales, et l'eau des travaux souterrains provenant de l'épuisement et de beaucoup la plus abondante.

Les bassins de précipitation ont une forme rectangulaire : 30 mètres de longueur sur 8 mètres de largeur et 50 centimètres de profondeur. Ces bassins sont remplis en partie de rognures et de débris d'ustensiles de fer-blanc. L'eau coule dans le premier bassin, passe par un robinet dans le second, et ainsi de suite jusqu'à ce qu'elle ait traversé la série entière de bassins, dont le nombre varie suivant le volume d'eau, la proportion de cuivre dissous dans l'eau et le précipité obtenu dans les bassins inférieurs. L'eau sort toujours des bassins à l'extrémité opposée à celle où elle a été admise. Quand on décharge les bassins, on fait trois lots distincts du précipité ; le plus riche, qui provient des quatre premiers bassins, tient environ 13 pour 100 ; le précipité intermédiaire, recueilli dans les six bassins du milieu, renferme environ 8 pour 100 ; enfin le moins riche, qui contient 5 pour 100, est enlevé sur les bassins en *queue*, ou les plus bas. On fait des essais fréquents sur ces derniers, afin de s'assurer que le dépôt offre une teneur assez élevée pour être traité avec avantage. Le fond de ces bassins est ondulé, à peu près, comme la tôle destinée aux toitures.

Au bout de dix semaines environ, et plus en hiver, on fait écouler l'eau des bassins avant de recueillir le dépôt vaseux. Pour cela, on rassemble les débris de fer sur les parties élevées du fond, après les avoir bien lavés dans l'eau qui est restée dans les sillons, et en avoir détaché toutes les particules de cuivre adhérentes au fer. Le liquide est mis en barils et transporté dans un réservoir de 21 mètres de longueur, de 6 mètres de largeur sur 1 mètre de profondeur, où on le laisse s'évaporer. La vase ayant acquis une consistance pâteuse, telle qu'on puisse la découper à la bêche, on la fait sécher au-dessus des fours à réverbère, à basse température et jusqu'à ce qu'elle ne renferme plus que 25 à 40 pour 100 d'eau.

On obtient encore du curage des bassins un produit désigné sous le nom de *rowings*, qui tient près de 30 pour 100 de cuivre. Après avoir enlevé la boue, les débris de fer les plus fins sont rassemblés, puis lavés et criblés sur un tamis percé de quatre trous par centimètre carré. Le sédiment recueilli représente les *rowings*.

On a recours à la méthode suivante pour la fusion :

1° Fonte pour matte au four à réverbère pendant quatre heures ; on obtient une matte renfermant 60 pour 100 de cuivre et des scories à 1 pour 100. Les scories servent de flux pour convertir le minerai grillé en cuivre brut.

2° Grillage et fonte de la matte précédente pendant douze heures, produisant une matte à 65 pour 100.

3° Grillage et fonte pendant vingt-quatre heures, qui donne une matte à 80 pour 100.

4° Rôtissage et fonte pendant vingt-quatre heures avec *fonds cuivreux* provenant du procédé d'épuration (*selecting process*), qui donne du cuivre à ampoules (*blister copper*), riche à 90 pour 100 environ.

5° Premier raffinage dont la durée est de vingt-quatre heures.

6° Enfin deuxième raffinage et affinage pendant vingt-quatre heures.

§ VI.

FOURNEAUX DE GRILLAGE.

En présence des applications de la voie humide et du développement de la fabrication de l'acide sulfurique avec les pyrites de fer et les pyrites cuivreuses, il n'est pas hors de propos de jeter un coup d'œil sur les appareils de grillage employés dans le traitement de ces matières, qui jouent d'autre part dans la production du cuivre un rôle assez significatif. Ils ont donné lieu en Angleterre à des usines spéciales qui ne fabriquent pas moins de 500 tonnes de métal par an, provenant exclusivement des pyrites de fer cuivreuses d'Espagne, de Norwége, etc., qui s'importent depuis quelques années dans ce pays avec un empressement que le prix élevé des soufres de Sicile semble particulièrement favoriser.

Le grillage des pyrites et des autres minerais sulfurés s'opère généralement dans des fours à grilles ou à moufles.

Dans les fours à grilles, tels que ceux de Stadtberg, dont il a été parlé, les minerais pulvérulents sont grillés sous la forme compacte, c'est-à-dire qu'on les mélange avec de l'argile ou des résidus vitrioliques pour en former une pâte qui est ensuite façonnée en briquettes. La chaleur que ces briquettes, une fois allumées, dégagent en se brûlant, suffit pour en griller de nouvelles qu'on ajoute successivement, de sorte qu'en chargeant périodiquement le four, l'opération se continue sans interruption.

Dans les fours à moufles, on étale les pyrites broyées sur des aires en terre réfractaire et chauffées en dessous par un foyer indépendant; l'air chaud circule sous les soles et revient au-dessus des moufles. On agite fréquemment les minerais avec un râteau, *stirring rabble*, de manière à renouveler fréquemment les surfaces pour que les sulfures métalliques puissent bien s'oxyder.

Ces deux modes sont imparfaits, coûteux, et, dans plusieurs cas, presque impossibles, du moins au point de vue de la production de l'acide sulfurique. Avec les fours à grilles, la conversion des minerais pulvérulents est chère, le grillage incomplet, les gaz moins sulfureux et partant d'un rendement médiocre en acide sulfurique ; l'azotate de potasse consommé n'est plus en proportion avec la quantité d'acide recueillie. — Avec les fours à moufles, le prix de revient du grillage s'accroît de la dépense du combustible et le brassage exige une certaine main-d'œuvre. D'un autre côté, le grillage, encore moins parfait que par la première méthode, émet des gaz plus pauvres en acide sulfureux.

Si l'on réfléchit qu'il se fabrique en Angleterre près de 6,000 tonnes d'acide sulfurique par semaine, on conçoit que cette énorme production, qui s'élève annuellement à plus de 330,000 tonnes, constitue un des éléments les plus précieux de l'activité industrielle du pays, et que toutes les tentatives qui concourent à développer cette production et à en amoindrir le prix de revient, aboutissent en même temps à abaisser le prix des produits chimiques nécessaires à tant d'autres fabrications, parmi lesquelles il suffit de nommer celles de la soude, du savon, des superphosphates, etc. En outre, on sait que dans le pays de Galles seulement, les fonderies de cuivre, ainsi que plusieurs auteurs l'ont démontré, laissent s'égarer dans l'atmosphère, à l'état de gaz, pour une valeur annuelle de 5 millions de francs de soufre contenu dans les minerais sulfurés. Il y a dans ce fait, et en dehors de l'influence délétère exercée par ces gaz empoisonnés sur l'économie animale et végétale, des questions d'une importance toute particulière dont le côté commercial ne pouvait échapper à l'attention, et c'est surtout dans cet esprit qu'ont été conçus les appareils qui devaient utiliser cette source permanente d'acide sulfurique. Parmi ceux-ci il convient de parler des fours Spence et de Gerstenhöfer.

Four Spence. — Ce four a motivé la prise d'un brevet

en 1861 [1]. Il peut servir au grillage des pyrites de cuivre, et pareillement, dit-on, au traitement des minerais de soufre. Il présente une aire de 15 mètres de longueur sur $2^m,75$ de largeur ; la sole, légèrement inclinée, est chauffée par un foyer placé à la partie inférieure, de manière à aider à la combustion du minerai. Le minerai s'enfourne à la partie supérieure de la sole et se pousse progressivement vers le bas, où il est ensuite défourné. L'air qui alimente la combustion circule à l'inverse de la descente des matières, et vient, en descendant au bas de la sole, se mélanger avec les fumées nitreuses qu'il entraîne avec lui dans les chambres de plomb. Une charge de minerai met douze heures à parcourir la longueur du four ; chaque deux heures on la fait avancer de $2^m,50$, en ayant soin de la remuer activement.

Les expériences auxquelles se sont livrés le docteur Percy et le docteur Angus Smith, pour apprécier le mérite de ce système de grillage, les ont autorisés à dire que le four Spence offrait, abstraction faite de la récolte d'acide sulfurique, des avantages évidents sur les appareils communément appliqués aujourd'hui au grillage des minerais de cuivre. Ce four a l'avantage d'opérer d'une manière continue, et, par ses dispositions, de soumettre les minerais à une température progressivement croissante, qui empêche la formation des grumeaux et réalise en même temps toutes les conditions d'un bon grillage.

D'après le rapport de ces savants [2], on serait en droit d'attendre les avantages suivants de la fonte des minerais de cuivre associée à la fabrication de la soude, par le système Spence :

1° La perte de soufre subie par les fondeurs devient une source de bénéfice ;

2° Le fabricant de soude peut avoir pour rien ce qu'il n'obtient aujourd'hui qu'à prix d'argent ;

---

[1] A. D. 1861. 9 juillet, n° 1695. — Brevet P. S. Spence.
[2] Exposé des fours Spence par la Compagnie *Copper Smeltrigand chemical.*

3° L'association des deux fabrications, cuivre et soude, permet d'augmenter considérablement les sources de bénéfice;

4° L'inconvénient dû aux fumées sulfureuses répandues dans l'atmosphère disparaît;

5° La dépense est moindre pour utiliser des fours Spence que pour construire séparément des fonderies de cuivre et des usines à soude;

6° L'utilisation de l'acide sulfureux des fumées de cuivre ne modifie en rien le système actuellement suivi dans chacune de ces fabrications;

7° On peut évaluer, avec le four Spence, le bénéfice à 2 livres sterling (50 francs) par tonne de soufre obtenue, indépendamment de celui réalisé par la suppression du grillage dans la fabrication du cuivre.

Dans un second brevet additionnel pris au nom de Pierre et de J. Berger Spence ([1]), la chaleur perdue des fourneaux de fusion est utilisée pour le grillage des minerais de cuivre. Le four de fusion est celui qui est ordinairement employé; le fourneau de grillage est le même que celui breveté par P. Spence.—Les deux fours communiquent par un carnau où le minerai grillé est entraîné directement par un plan incliné dans le four de fusion, situé à un niveau inférieur du premier. Nous n'avons pas à discuter le mérite de cette combinaison, que nous n'avons pu étudier et dont nous ignorons les résultats pratiques.

En ce qui concerne l'emploi des flammes perdues, faisons remarquer ici qu'en principe et au point de vue financier, leur utilisation est généralement fort contestable. On a essayé en Angleterre, comme partout, et ainsi que je l'ai tenté moi-même en Tyrol et en Suisse, plusieurs projets pour appliquer au grillage des minerais la chaleur perdue des fours de fusion; on y a d'ordinaire trouvé peu de profit. Il n'y a pas d'avantages de les appliquer dans les pays où le bas prix du charbon peut dispenser de recourir à des dispositions pour le moins embarrassantes. Presque toujours, les frais de

---

([1]) A. D. 1864, 11 juin, n° 1452.

toutes sortes provoqués par l'établissement d'appareils accessoires s'élèvent au delà des économies que l'on cherche à atteindre. D'un autre côté, il est bien rare que ceux-ci puissent fonctionner utilement sans nuire à la marche de l'engin principal.

Four Gerstenhöfer. — Ce four est également breveté, et, comme le précédent, il est surtout destiné au grillage des pyrites de fer et de cuivre ; je laisse la parole à l'inventeur, M. Moritz de Gerstenhöfer, de Freyberg (Saxe), pour en faire la description (¹) :

« Nous avons pour but de griller économiquement les pyrites pulvérisées pour en retirer le soufre, avant de le convertir en acide sulfurique. Le minerai, en arrivant d'une manière continue dans le fourneau de notre invention, laisse, grâce à la température à laquelle il est soumis, le soufre se volatiliser rapidement.

« Ce fourneau consiste en une chambre verticale en briques réfractaires, pourvue d'une série de gradins horizontaux (en briques réfractaires) disposés uniformément à l'intérieur, afin d'intercepter et de répartir le minerai au fur et à mesure qu'il pénètre par les trémies. Ces trémies sont agencées de manière à intercepter les gros fragments de minerai, et leur alimentation est régularisée par des cylindres rotatifs appuyés dans les ouvertures de la voûte. La face supérieure des gradins est plane ; le minerai s'y accumule et glisse d'un gradin sur l'autre jusqu'à ce qu'il tombe au fond du four, après avoir été dépouillé du soufre qu'il contenait.

« Au niveau de chaque gradin, des ouvreaux sont ménagés sur la face extérieure du four, à l'aide desquels on peut nettoyer les gradins qui se seraient encrassés. L'extrémité des gradins, à l'arrière, s'appuie sur une cloison qui sépare le four proprement dit de la chambre à air chaud, garnie d'une série de tuyaux horizontaux. Le tuyau horizontal supérieur communique avec le haut d'un carnau ménagé dans la cloi-

---

(¹) A. D. 1863, 11 septembre, n° 2245.

son, et le tuyau inférieur avec une chambre à air froid construite sous le four même. Cette dernière chambre est alimentée d'air froid par un ventilateur ou autrement et communique directement avec le four proprement dit ou avec les tuyaux à air. Une porte au niveau de la sole du four permet de retirer le minerai grillé ; une seconde porte permet d'installer une grille mobile pour charger le combustible et mettre le four en activité. Dès que la température voulue est atteinte, on enlève cette grille et on ferme cette seconde porte.

« Le minerai descend par les trémies ; l'air est refoulé dans le système de tuyaux et de carnaux indiqués, jusqu'à ce que le minerai arrive sous les gradins, après s'être échauffé dans son trajet d'un gradin à l'autre. Les gaz et les fumées dégagés sont entraînés de haut en bas dans la chambre à air, en chauffant les tuyaux contenant l'air extérieur, et débouchent dans une grande chambre, où ils déposent leurs poussières avant d'entrer dans les chambres à acide sulfurique.

« Les principaux avantages de ce nouveau four, d'après les essais faits aux usines royales de Saxe, sont les suivants :

« 1° Les minerais sur lesquels on opère sont à un état de division très-grand, de façon à ce qu'une plus grande surface exposée à l'action de l'air soit constamment renouvelée ;

« 2° L'air est amené forcément au contact des minerais ;

« 3° Les minerais sont distribués mécaniquement en quantités telles que le grillage est continu ;

« 4° Le tirage artificiel, créé mécaniquement, peut être réglé sur la quantité de minerais, sans que l'on ait à craindre les coups de vent, etc., comme avec les fours ordinaires ;

« 5° La chaleur développée par les minerais n'est pas entraînée en pure perte par les gaz, mais elle sert à chauffer le minerai neuf et l'air. »

Le four de M. M. Gerstenhöfer est représenté dans la planche XIII.

Fig. 1. Coupe verticale du four suivant 1 et 2 (fig. 3) ;

Fig. 2. Vue de face du four ;

Fig. 3. Coupe verticale du four suivant 3 et 4 (fig. 2) ;

Fig. 4. Coupe horizontale suivant 5 et 6 (fig. 1) ;

Fig. 5. Coupe horizontale suivant 7 (fig. 1);

Fig. 6. Vue de face des trémies ;

Fig. 7. Coupe montrant les carnaux à air et les valves.

Le four est représenté ici comme étant en communication avec d'autres fours identiques.

« Après avoir fait sécher le minerai pulvérisé, on le jette dans les trémies *a*, pourvues de grilles *b* qui retiennent les pierres et les gros fragments de nature à être broyés par les cylindres. Le four est divisé en trois compartiments. Les cylindres *c c*, sont de la longueur des trémies ; ils tournent lentement et amènent la pyrite par les ouvertures verticales *d* dans la chambre du four. Les plaques de fer qui surmontent les cylindres peuvent être enlevées quand on veut nettoyer les ouvreaux *d*. Les cylindres sont mus par des roues *e* et *e'* communiquant avec le moteur. Les minerais tombent sur les trois gradins supérieurs *f*, d'où ils glissent, après avoir atteint un certain angle d'inclinaison, sur les gradins inférieurs. Ces gradins, en briques réfractaires, sont de forme prismatique... — L'air est refoulé dans le carnau principal *h* qui court sous les fours (fig. 1 et 3) et par les carnaux *i i*, dans chacun des fours, puis dans les boîtes à air *k* (fig. 7), et enfin par les valves dans le carnau *l*, ou par le carnau *m*. Le carnau *l* conduit par la voie la plus courte aux parties inférieures du four ; on ne l'emploie que lorsque la température trop élevée exige l'entrée de l'air froid. Le carnau *m*, aboutit aux tuyaux de poterie *n n* (fig. 3) superposés. A partir du tuyau le plus élevé, le courant se rabat par le carnau *o*, de la cloison (fig. 1) et débouche, au bas du four, sous les gradins. Dans le four même, le tirage, s'opérant à travers les gradins, active la température et entraîne l'acide sulfureux ; au sortir du four par l'orifice *p* (fig. 1 et 3), les gaz descendent forcément en chauffant l'air des tubes de poterie *n*, et s'échappent à la partie inférieure *q*, dans le carnau *r*, qui mène à la chambre *s*, où ils déposent les poussières et l'acide arsénieux provenant du grillage. Cette chambre est pourvue de plaques de fonte sur lesquelles on étend la pyrite en poudre pour la sécher. Les minerais grillés sont expulsés par la porte hermétiquement close *t*. Au-dessus de cette porte, un espace libre permet d'introduire les barreaux *u u*, de la grille, servant à la mise à feu et au chargement.

« Le mur de face du four est construit de telle façon qu'il y ait des ouvreaux *v v*, entre chaque rangée de gradins ; ces ouvreaux se ferment par des portes mobiles ou par des caisses en fonte avec tampons *v'*. Ils servent à décrasser les gradins.

« Au début du grillage, le feu s'allume avec du bois sur les barreaux *u u*, puis avec du coke, jusqu'à ce que le four soit au rouge. On enlève alors la grille *u u*, on ferme par une porte l'espace de chargement, on fait marcher le distributeur et l'on donne ensuite le vent. Le grillage continue sans interruption pendant que les pyrites tombent et que les gradins ne sont pas encombrés. Pour éviter l'agglomération des minerais riches par le sulfure formé sur les gradins, on mélange ces minerais avec du minerai déjà grillé, ce qui abaisse la température. »

Je m'arrête à ces derniers détails ; ils suffisent pour démontrer l'étendue des moyens de la science métallurgique, la multiplicité de ses tentatives et de ses progrès.

En insistant sur les différents procédés de traitement des minerais pauvres, j'ai tenté de faire voir que le travail de ces matières avait sa raison d'être et n'était pas le fait de quelques contrées privilégiées. La diversité des moyens employés prouve combien il serait facile d'adapter ces méthodes plus ou moins perfectionnées pour les appliquer à des minerais analogues qui se rencontrent assez généralement dans une foule de localités où l'on les néglige mal à propos. Ces méthodes peuvent, en effet, avec des modifications convenables, se plier à tous les changements nécessités par la diversité des conditions économiques de chaque pays ; elles sont susceptibles de recevoir presque partout des applications heureuses.

§ VII.

TRAITEMENT ET ÉLABORATION DU CUIVRE EN FRANCE.

Pour terminer cette revue, j'arrive enfin à la France, qui ne le cède en rien à ses émules ou à ses rivaux dans l'élaboration des cuivres. On regrette, en voyant l'Allemagne, la Suède, l'Espagne, etc., tirer avec tant d'habileté, un parti aussi avantageux des minerais pauvres, que notre pays ne s'inspire pas de leur exemple. On voudrait voir la France, qui consomme tant de cuivre et le travaille avec tant de perfection, — et qui n'est pas moins douée de ressources minérales que ses voisins,—ne pas oublier les richesses de son sol et qu'elle ne négligeât pas avec tant de persistance les éléments précieux qu'elle pourrait faire fructifier à l'égal de ceux-ci. Ce n'est pourtant pas que nos industriels soient moins aptes que ceux des autres contrées, et soient dépourvus de la puissance créatrice et des capitaux que leurs concurrents étrangers consacrent à ces entreprises ; loin de là. Mais laissons de côté les réflexions auxquelles ce sujet pourrait m'entraîner ; elles ont été, au surplus, si souvent exprimées en d'autres circonstances, qu'elles seraient dans ce moment sans objet.

En France, le traitement métallurgique des minerais de cuivre, on l'a déjà dit, ne s'exerce guère que sur les minerais riches de l'Amérique du Sud ; le traitement des mattes et des cuivres noirs de diverses provenances, dont la réduction et l'affinage, sont pratiqués avec une rare entente dans nos grands établissements, a rendu la présence des premiers nécessaire pour utiliser convenablement les scories et les déchets de ces élaborations. Au demeurant, on ne s'y livre qu'à un travail d'affinage et de raffinage, qu'ils ont amélioré ou corrigé suivant les exigences et leurs besoins, en modifiant quelque peu les pratiques de la méthode galloise. Toutefois la fusion des minerais riches et oxydés a pris ici une certaine importance ; elle tend même à s'y développer ainsi qu'en

Belgique, laquelle, depuis quelque temps, a pareillement
abordé cette industrie avec un certain succès.

Il est donc opportun de résumer la marche des procédés
le plus ordinairement en usage. Le four employé est le réverbère gallois, dont le dessin se trouve pl. XI, fig. 9, 10, 11.

Lorsqu'à la suite d'une opération précédente, la sole est
réparée, et qu'on en a détaché les parties de cuivre qui y restent plus ou moins adhérentes, le four, amené au rouge blanc,
reçoit une charge de rognures, de crasses et de scories de
cuivre et de fer, avec un peu de chaux par-dessus ; dès que
ce mélange est ramolli, on incorpore environ 300 kilogrammes de minerai oxydé riche. La masse étant entièrement
fondue, on écume les scories qui recouvrent le bain, on
charge une nouvelle quantité de minerai jusqu'à ce que le
four ait absorbé 3 000 kilogrammes de minerai, poids qui doit
se trouver réduit en vingt-quatre heures.

La masse entière parvenue à une fluidité complète, on la
laisse refroidir en ouvrant le registre, la porte de travail et
celle de la chauffe. Le foyer reste chargé et l'on repousse vers
l'autel les crasses qui se forment, pour activer le refroidissement et l'oxydation. Aussitôt que le bain est pris superficiellement, ce qui a lieu au bout de deux heures environ, le feu
s'active de nouveau ; le bain redevenu liquide, on y lance des
escarbilles et l'on enlève les scories.

Après trois ou quatre heures, suivant l'état du four, le
bain se trouvant complétement liquéfié, on procède, comme
dans la première période, à un nouveau refroidissement, et
ainsi de suite jusqu'à ce que le fer et le soufre aient disparu. L'oxyde de fer détermine à la surface du bain de larges taches brunes ; le soufre en se dégageant projette des
étincelles, et dès qu'il n'y a plus de soufflures on commence
le raffinage.

On donne un violent coup de feu et l'on prend des essais
pour déterminer la quantité de plomb qui s'ajoute au bain,
afin d'en neutraliser le soufre. On jette alors sur le bain et après
l'avoir écumé, s'il y a lieu, un demi-hectolitre de charbon de
bois et on ferme le registre. A ce moment, on procède au

bouillonnement en introduisant dans le bain une perche de
bois vert en l'agitant vivement et l'on fait les prises d'essais.
Dans l'espace d'une demi-heure à trois quarts d'heure, on fait
ordinairement douze à quinze prises, après quoi le raffinage
se trouve terminé. Mais il arrive souvent qu'il faut plus de
temps pour arriver au grain fin et soyeux qu'on cherche à
obtenir. Si les prises ont réussi, on s'occupe immédiatement
de la coulée, en opérant par les moyens usités en pareilles
circonstances. La coulée, dans des lingotières préalablement
échauffées, dure une heure environ. Mais quelquefois le bain
s'oxyde, on se hâte alors d'ouvrir le registre ; la combustion
du charbon de bois s'accélère et ne tarde pas à ramener le
bain à l'état convenable.

Telle est la méthode des usines françaises. Nos fondeurs
lui attribuent la supériorité de leurs produits ; il ne faut pas
discuter cette question. Seulement, il est permis de croire
qu'en l'appliquant aux minerais impurs et complexes du
Cornwall et de la Hongrie, ils n'arriveraient probablement
pas à des résultats aussi concluants. Ce qui fait le mérite
de leur travail, c'est la pureté des matières auxquelles s'ajoutent des déchets qui en facilitent singulièrement les manipulations.

Cette méthode éprouve cependant, dans certains cas, quelques légères modifications, lorsqu'on traite des sulfures riches
et spécialement les oxysulfures du Chili, qui sont particulièrement recherchés. On opère ainsi : ces minerais, généralement riches de 30 à 40 pour 100, ne sont pas grillés. Ils
sont fondus avec des minerais oxydés et des scories provenant des minerais de Corocoro, ou bien des mattes riches
à 40 pour 100, traitées avec des scories d'affinage : celles-ci
réagissent, à la faveur de leur oxyde, sur le soufre de la
matte et qui se réduit conjointement avec celle-ci. De plus, le
cuivre à l'état de grenailles, renfermé dans les écumes d'affinage, se réduit en cuivre et passe dans une seconde matte,
enrichie à 75 pour 100, qui est alors soumise à l'affinage, en
la faisant fondre au réverbère sous l'action directe d'un courant d'air énergique, arrivant des deux côtés de l'autel et

qui achève d'expulser le soufre et d'oxyder les matières étrangères, tout en réduisant un peu de cuivre de la scorie. On obtient un cuivre noir qui passe au raffinage et se convertit en cuivre rouge par les moyens accoutumés. Ce travail n'offre rien de bien extraordinaire; il ne tire, ici encore, ses avantages que de la qualité supérieure des matières soumises au traitement.

Les scories provenant du raffinage du cuivre donnent encore lieu, dans quelques usines françaises, à un travail particulier qui mérite d'être décrit. On sait que ces scories renferment, indépendamment des oxydes métalliques et des silicates contenus dans le cuivre noir, une assez forte proportion d'oxydule et de grenailles de cuivre disséminés dans la masse.

Les scories d'affinage sont concassées à la grosseur d'un œuf et déposées ensuite au pied d'un four à réverbère, dit *fourneau de revivification*, où, après avoir été mélangées d'une pelletée de charbon de bois menu et de gros fraisil et de quatre pelletées de chaux vive par brouettée de matières, avec lesquelles on les retourne à diverses reprises, elles sont chargées dans le fourneau, chauffé à l'avance pendant huit à dix heures et même douze heures, de façon à être porté au rouge blanc incandescent. Douze à quinze brouettées sont préparées de cette manière et renouvelées au fur et à mesure des besoins. Un ouvrier lance alors la charge voulue dans le four, contre l'autel, pendant qu'un second, armé d'un râble en fer, les égalise rapidement sur la sole, en évitant de les laisser glisser dans le bas du fourneau. Aussitôt après l'enfournement, la porte est fermée avec des scories. Au bout de trois quarts d'heure à une heure environ, les ouvriers agitent et retournent la charge dans tous les sens, bouchent ensuite la porte de chargement comme au début, et chauffent vigoureusement une heure durant. La charge est bientôt liquéfiée et entraînée au bas de la sole, et l'on procède à une nouvelle charge en opérant comme la première fois. Dès que les scories qui surnagent sur le bain ont atteint la porte du devant, percée d'un trou de 8 à

10 centimètres par lequel elles s'échappent, on y introduit une sorte d'entonnoir en tôle, garni de charbon de bois allumé, qu'on remplace à mesure qu'il se consume. Il arrive fréquemment, malgré ce soin, que les scories se figent et obstruent l'écoulement ; il faut se hâter, avant de faire une nouvelle charge, de dégager le trou avec un petit ringard appointé, qui rend le passage libre et permet à ces matières de sortir du four. Quand elles sont refroidies, les ouvriers les enlèvent et les jettent dehors ; mais auparavant ils doivent examiner avec soin si elles ne contiennent pas de grenailles, ce qui indique que le bassin est suffisamment rempli et qu'il faut le vider. L'enfournement cesse alors : on bouche la porte de chargement avec des briques garnies d'argile, on enlève l'entonnoir placé sur le devant du four en dégarnissant la porte des briques qu'on y avait maçonnées pour la rétrécir. Les fondeurs se mettent à retirer les scories qui couvrent le bain et rejettent sur le lit de fusion toutes celles qui renferment encore du cuivre.

Le métal des scories est toujours pâteux et se fige parfois dans le bassin. Aussitôt que les scories qui recouvrent le bain sont enlevées, on le garnit d'une couche de charbon de bois, l'on ferme la porte avec un châssis de briques réfractaires et l'on chauffe très-énergiquement le fourneau pendant une heure. Ensuite les ouvriers retirent les nouvelles scories qui se sont formées et puisent le métal avec des cuillers en fer enduites d'argile, pour le couler en plaques qui passent ensuite à l'affinage. Une fonte de scories dure de soixante-douze à quatre-vingts heures. Une nouvelle opération se recommence en suivant la même marche et après avoir convenablement nettoyé le four et la sole.

Lorsque les laitiers ou les scories sont pâteux, s'écoulent difficilement, on ajoute aux lits de fusion des scories trèsfusibles, les plus noires de la fonte de minerais, et dont l'aspect vitreux dénote généralement la grande fusibilité.

Le raffinage du cuivre de scories est beaucoup moins actif que celui des cuivres provenant du traitement direct des minerais,

Les battitures du laminage et divers déchets des usines, les balayures d'ateliers, etc., donnent également lieu à un traitement spécial, qui témoigne encore en faveur de l'intelligence de nos fondeurs.

Ces oxydes et ces diverses matières se mélangent avec un peu de gros fraisil de charbon de bois et sont traités dans le four d'affinage. On charge une brouettée du lit de fusion par la porte du devant, on l'étend sur la sole et on donne un violent coup de feu pendant une heure et demie. Un ouvrier brasse alors la matière pendant huit à dix minutes, ferme la porte, donne une nouvelle chauffe et procède ensuite à une seconde charge, et ainsi de suite jusqu'à ce que le fourneau soit rempli. Le fondeur écume autant de scories qu'il a mis de battitures. Dès que la provision de ces matières est épuisée, ou bien que l'on veut affiner immédiatement le métal qui se trouve dans le fourneau, on nettoie soigneusement le bain, et l'on opère le raffinage dans les conditions habituelles. Les scories résultant du traitement des battitures sont traitées avec celles qui sont réduites par lo procédé précédemment décrit.

Mais où les fabricants français se distinguent réellement, c'est dans l'élaboration du métal pour l'approprier, à la suite d'un premier travail, aux besoins des grandes industries, marine, chemins de fer, etc., qui le reçoivent de leurs mains, façonné à point, pour devenir, à la suite de ces manipulations, la base d'autres transformations plus étendues.

Dans la période de douze ans qui s'est écoulée depuis l'Exposition de 1855, des progrès remarquables se constatent ici dans toutes les directions. L'installation des usines et des ateliers a été agrandie, l'outillage amélioré, la puissance des engins et des appareils mécaniques portés à un degré de perfection qu'on n'avait pas encore atteint. Ils sont arrivés au point d'affranchir la France non-seulement du tribut qu'elle payait à l'étranger, mais encore d'obliger les pays voisins et l'Angleterre elle-même, à se fournir de certains produits spéciaux, que ceux-ci avaient le privilége de lui livrer. La coulée, le laminage et le martelage des barres de cuivre sont arrivés, grâce à ces changements, à produire couramment des pièces, des plaques et des feuilles du poids de 1 500, de 2 000, jusqu'à 3 000 kilogrammes, qui auparavant dépassaient à peine 300 à 500 kilogrammes. Les plaques de foyer à bords relevés, à épaisseurs renforcées, les enveloppes formant le ciel et les parois latérales de ceux-ci, les entretoises qui les relient, les tuyaux sans soudure, martelés ou étirés, attestent à la fois, par leur belle exécution, l'habileté des fabricants et les ressources d'un matériel plus développé et plus perfectionné.

Trop long serait le détail des nombreux spécimens de ces produits réunis dans les trophées qui ornaient l'entrée de la galerie des arts métallurgiques. Signalons seulement, pour en faire comprendre l'importance : un plateau de cuivre de 2 650 kilogrammes destiné aux enveloppes de foyers de locomotive ; — une planche de cuivre rouge de 5^m,30 de longueur, épaisse de 33 centimètres, large de 1^m,60, pesant 2 250 kilogrammes ; — un fond circulaire plat de 2^m,43 de diamètre et de 4 1/2 millimètres d'épaisseur ; — une coupole martelée de 2^m,32 de diamètre sur une profondeur de 1 mètre avec rebords rabattus de 110 millimètres ; — des plaques d'avant et d'arrière de foyer du poids de 800 kilogrammes ; — des barres martelées pour pistons plongeurs des machines marines ; — enfin toute une série de tubes sans soudure de 125 à 500 kilogrammes ; d'autres de 5 mètres de longueur, avec des diamètres de 210, 325, 415 et 428 millimètres, pour enveloppes des arbres porte-hélices, et pesant de 344 à 356 kilogrammes.

On éprouve, en étudiant ces beaux spécimens, tous d'une si parfaite exécution, quelque embarras à dire quel est celui de nos exposants qui mérite de figurer au premier rang ; chacun, en effet, y déploie les mêmes aptitudes et rivalise par la puissance de son outillage et la variété de sa production. On est amené, pour leur rendre justice, à rechercher la spécialité à laquelle ils semblent donner le plus d'attention. — MM. J.-J Laveissière et fils, à qui toutes les élabora-

tions du cuivre sont familières, et qui savent, à la faveur de
leur grand et légitime crédit, prendre l'initiative de toutes
les innovations, possèdent les ateliers le plus puissamment
organisés et les mieux outillés ; mais ils paraissent s'attacher
de préférence à la fabrication des foyers de locomotive, des
doublages et des tuyaux sans soudure. — MM. L. Létrange
et C° les suivent dans cette voie où ils ont marché des premiers, en s'appliquant plus particulièrement aux laminages
de grandes dimensions, soit en cuivre rouge, soit en cuivre
jaune ; leur grande largeur et leur poids énorme sont le
fruit d'un matériel remarquable par sa puissance et sa précision. Les coupoles martelées de toutes grandeurs constituent chez eux une fabrication hors ligne. — MM. Estivant,
frères, de Givet, comme ceux-ci, jouissent de longue date
d'une réputation bien méritée ; leurs laminages de cuivre
jaune, cuivre tombac, minces ou épais, méritent d'être
signalés ; toutefois leur grande supériorité réside dans la
fabrication des tuyaux sans soudure en cuivre rouge, qu'ils
ont entreprise à l'exemple de ceux-ci, croyons-nous, et
portée à son extrême perfection ; compétiteurs de MM. Laveissière, ils ont acquis dans cette branche une estime
qu'ils doivent aux améliorations qu'ils ont introduites aux
premiers procédés, sans faire oublier pourtant la primauté
qui revient à ces vétérans de la fabrication du cuivre en
France, notamment dans le travail des tuyaux en cuivre jaune,
inauguré par eux et où ils ont apporté, en dernier lieu, de
remarquables perfectionnements mécaniques que nous ne
pouvons, à notre regret, divulguer. On sait que cette invention consiste dans la coulée d'un manchon d'un diamètre
et d'une épaisseur calculés sur l'échantillon qu'on veut obtenir. Ce manchon, fixé sur un mandrin manœuvré dans le
sens simultané de la translation et de la rotation, est mar-
telé au rouge par un instrument qui oblige le tube à s'allonger dans le sens longitudinal. Après cette première
ébauche, il est achevé par les moyens ordinaires d'étirage.
On obtient par ce procédé des tubes plus homogènes, d'une
plus grande densité et, par conséquent, exempts des souf-

flures susceptibles de se produire avec la méthode habituelle. — MM. Oeschger et Mesdach se font remarquer même après ces maîtres de la fabrication et se sont fait une spécialité dans la préparation des flans destinées aux monnaies de cuivre des gouvernements égyptien, tunisien, d'Espagne et d'Italie. Pour le reste, ils suivent avec éclat, sur une moindre échelle peut-être, les traces de leurs concurrents; dans la fonte des minerais de cuivre et de plomb et le laminage du zinc, qu'ils accomplissent, comme ceux-ci, dans les usines qu'ils ont créées à Biasche, dans le Pas-de-Calais, ils marchent de pair. — M. E. Garnier, dans le travail du cuivre, où il occupe également depuis longtemps son rang, se recommande par le traitement des minerais de zinc, qu'il est parvenu, après tous les mécomptes qui semblaient devoir l'en écarter, à asseoir en France sur des bases solides.

A moins de franchir les limites de cette revue, nous ne pouvons que mentionner la tréfilerie des cuivres rouges et jaunes en fils de tous les diamètres et fins comme les cheveux les plus soyeux, et des laminages atteignant les plus minces épaisseurs, au point de ressembler à des pelures d'ognon. Ces industries constituent deux branches spéciales qui s'exercent à Paris, à Rouen et dans divers grands centres, avec la perfection rare qu'on peut observer dans les produits de MM. Cubain, Mouchel, Maldou, Mather, etc., et tant d'autres qui ajoutent à l'éclat de cette exposition.

La Belgique, les Pays-Bas se font de même remarquer, après la France, dans ces fabrications et nous montrent des produits ouvrés d'une facture généralement supérieure à ceux de même nature que les divers États allemands, la Suède et la Russie avaient envoyés chacun de son côté.

Concluons.

De quelque côté qu'on se retourne, ce qui frappe ici, comme dans toutes les parties de ce concours, ce sont les progrès que l'on observe non-seulement dans l'accroissement de la production, mais encore dans les perfectionnements apportés dans l'élaboration et les transformations du métal;

c'est le trait saillant des arts métallurgiques dans tous les pays. Cette tendance s'était déjà révélée dans les précédentes expositions, mais aucune n'en avait encore offert de si nombreux et de si remarquables témoignages ; aucune non plus, croyons-nous, n'avait donné le spectacle de tant de peuples réunis dans le palais du travail, pour l'attester aussi brillamment.

D'autres pourront faire ressortir les enseignements de cette lutte grandiose, y entrevoir les destinées de l'industrie et présager ses futures conquêtes ; notre tâche est plus modeste. Nous nous contenterons uniquement de faire observer, comme au commencement, que la production des métaux reste encore dans cette occasion, ainsi que dans l'antiquité et à toutes les époques de la vie des Sociétés, l'affirmation la plus éclatante de l'avancement de la civilisation : on la voit s'épanouir partout où la métallurgie exerce son activité. Tous les peuples et tous les hommes se rapprochent sous son influence souveraine, cherchant à l'envi à développer ses moyens, à multiplier ses perfectionnements ; ils ont appris qu'ils ne sont véritablement riches et ne deviennent puissants qu'en la cultivant. Grâce aux communications qu'elle a rendues plus rapides et plus fréquentes, la métallurgie obligera bientôt les nations, il faut l'espérer, à ne plus ambitionner que les pacifiques victoires du travail, à ne plus rechercher d'autre suprématie que celle qu'elles s'appliquent à conquérir avec tant d'ardeur dans les arts et dans les sciences ; mieux que les canons rayés, et les frégates blindées, ceux-ci peuvent seuls les enrichir et les glorifier, en consacrant leur ascendant d'une manière plus durable et plus humaine. C'est la loi de notre temps. Chacun doit y obéir.

Lorsqu'on réfléchit à ce merveilleux mouvement et aux besoins créés par les aspirations qui entraînent les sociétés modernes dans la voie de l'industrie, il nous reste un vœu à former : c'est que la doctrine du *libre échange*, inaugurée par le coup d'Etat commercial du 5 janvier 1860, cesse d'être lettre morte et qu'elle fasse tomber toutes les *barrières*, tous les règlements surannés et oppressifs de l'administration, qui gênent la liberté commerciale, et qu'avec ceux-ci s'écroulent enfin toutes les entraves que subit encore chez nous la liberté industrielle.

Respect de l'initiative individuelle et affranchissement de la tutelle gouvernementale quelle qu'elle soit, tel est le programme qui résume notre pensée. C'est en le réalisant que la France conservera sa supériorité et verra toutes ses industries grandir et prospérer au profit de sa liberté et de sa grandeur, de son bien-être et de la prospérité publique. Il n'y a pas de meilleur stimulant du progrès et des grandes choses.

TABLE DES MATIÈRES.

Paris. — Typographie HENNUYER ET FILS, rue du Boulevard, 7.

OUVRAGES DE L'AUTEUR

Les fours à plomb du midi de l'Espagne.

Mémoire sur la fabrication des produits réfractaires.

(Mémoires de la Société des ingénieurs civils.)

Avenir de l'exploitation des mines métalliques en France.

In-8°. — Paris, 1860.

Exploitation et traitement des plombs en Espagne.

(Extrait de la *Revue universelle*.) — Paris, 1861. — Noblet, éditeur.

Traitement des minerais de cuivre en Toscane.

NOUVEAU PROCÉDÉ APPLIQUÉ A CAPANNE-VECCHIE.

(Extrait de la *Revue universelle*.)

Traité complet de Métallurgie.

Traduction de la Métallurgie du docteur PERCY, avec additions
par E. PETITGAND et RONNA.

5 volumes grand in-8°, avec planches et gravures intercalées dans le texte.

Paris, 1865-1867. — J. Baudry, éditeur.

Paris. — Typographie HENNUYER ET FILS, rue du Boulevard, 7.